Español en imágenes

Eugenio del Prado
Hanako Saito
Shinji Nakamichi

Editorial ASAHI

PAÍSES HISPANOHABLANTES

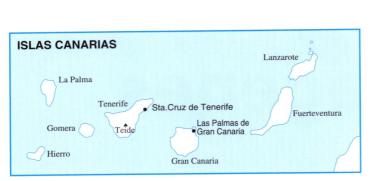

音声ダウンロード

 音声再生アプリ「リスニング・トレーナー」（無料）

朝日出版社開発のアプリ、「リスニング・トレーナー（リストレ）」を使えば、教科書の音声をスマホ、タブレットに簡単にダウンロードできます。どうぞご活用ください。

まずは「リストレ」アプリをダウンロード

≫ App Store はこちら　　≫ Google Play はこちら

アプリ【リスニング・トレーナー】の使い方

① アプリを開き、「**コンテンツを追加**」をタップ
② QR コードをカメラで読み込む

③ QR コードが読み取れない場合は、画面上部に **55102** を入力し「Done」をタップします

QR コードは㈱デンソーウェーブの登録商標です

Web ストリーミング音声

https://text.asahipress.com/free/player/index.html?bookcode=255102

はじめに

"スペイン語"と聞いて、みなさんは何を思い浮かべるでしょう。あの有名なサッカー選手？テレビで見た世界遺産？パエリャやタコスでしょうか。スペイン語はスペインだけでなく、メキシコ、アルゼンチン、ペルー、キューバなど、世界の数多くの国で話されている言語です。その仕組みを知り、使ってみることで、スペイン語を通して見えてくる世界はぐっと身近になるはずです。

本書は、スペイン語を初めて学ぶ大学生を対象とするテキストです。発音のルールから始めて、日常的な話題について、現在・過去・未来の事柄を理解し、表現することができるようになることを目指します。

本書は次の4つのパートから成っています。

· GRAMÁTICA Y EJERCICIOS

文法の解説と練習問題のページです。各課で扱う文法項目が、簡潔に説明されています。スペイン語のやり取りを体験できるように、対話形式の例文や練習を多く用意しました。文法解説の下には、学んだことの理解をすぐに確認できる「ちょこ練」があります。動詞の活用などは何度も練習して身につけましょう。

· UN POCO MÁS

その課で学んだことをもう一度、様々なタイプの問題を解きながら練習することができるページです。少し時間をかけてじっくりと、文や対話を完成させたり、習ったことを利用して、和文西訳にもトライしてください。

· DIÁLOGOS

学習した文法項目がどのように会話の中で使われるのかを確認できます。音声を何度も聞いて、スペイン語のリズムに慣れるようにしましょう。会話文の下には、次のページの準備としての「Prácticaで使用する表現」が掲載されています。次ページに進む前に、語彙や表現の意味を調べ、覚えておきましょう。

· PRÁCTICA

たくさんのイラストや写真を見ながら、スペイン語を書いたり話したりするページです。最初は例をまねて、次は自由に情報を入れ替えて、個人で、またはペアになって練習しましょう。最後に出てくる質問にスペイン語で答えることができるようになったかどうか、各課の総まとめとして確認してください。

スペイン語圏の国々やその文化を知るため、本書にはたくさんの写真も掲載されています。興味がわいたら、ぜひ詳しく調べてみてください。みなさんがスペイン語の学習を通して、スペイン語圏の人々、社会、歴史等により関心を深め、世界の多様性に目を向けてくださることを願っています。

最後になりましたが、新しいテキストのコンセプトを受け入れて、各課の構成やレイアウト等、細かい点までご相談に乗ってくださった朝日出版社の山中亮子さん、また、練習問題にぴったりと合うカラフルなイラストを用意してくださった遠藤佐登美さんに、心より感謝申し上げます。

2018年　盛夏
著者一同

～ 本書をお使いになる先生方へ ～

- 本書は各課6ページで構成されています。ペア授業の場合には、前半3ページ（GRAMÁTICA Y EJERCICIOSとUN POCO MÁS）と、後半3ページ（DIÁLOGOSとPRÁCTICA）で、担当箇所をわけることも可能です。
- 数も種類も豊富な練習問題が本書の特徴です。一部の練習問題を選択して扱ったり、UN POCO MÁSページを宿題用に利用するなど、授業の形態や目的に合わせてお使いください。
- オーラル・コミュニケーションを中心とする授業の場合には、文法ページを補足的に利用することもできます。
- 会話例の下にある「Prácticaで使用する表現」は、次ページからの練習問題に利用できる語彙・表現集です。初級学習者には難しいと思われる単語が出てくることもありますが、これらを事前に確認しておくことで、次ページからの練習がスムーズにできます。
- 直説法時制に続く学習への橋渡しとして、接続法の時制と命令表現についても「補遺」として掲載していますので、授業の進度に応じてご利用ください。

目次　Índice

Unidad 1　p.1
1. アルファベット　El alfabeto
2. 注意すべきつづり　Ortografía y pronunciación
3. アクセントのルール　El acento
4. 母音　Las vocales
5. 子音　Las consonantes

Unidad 2　p.7
1. 名詞の性　El género de los sustantivos
2. 名詞の数　El número de los sustantivos
3. 定冠詞　El artículo determinado
4. 不定冠詞　El artículo indeterminado
5. 主格人称代名詞　Los pronombres personales de sujeto
6. 動詞 ser　直説法現在　El presente de indicativo － Verbo *ser*

Unidad 3　p.13
1. 形容詞　El adjetivo
2. 所有形容詞前置形　Los adjetivos posesivos
3. 疑問文と否定文　La oración interrogativa y la negativa
4. 動詞 tener　直説法現在　El presente de indicativo － Verbo *tener*
5. 数 1～100　Los numerales (1-100)

Unidad 4　p.19
1. 直説法現在―規則動詞　El presente de indicativo － Verbos regulares
2. 主な前置詞　Las preposiciones
3. 疑問詞 (1)　Los interrogativos (1)

Unidad 5　p.25
1. 指示形容詞　Los adjetivos demostrativos
2. 動詞 estar　直説法現在　El presente de indicativo － Verbo *estar*
3. hay　El verbo *haber*
4. ser ＋ 形容詞、estar ＋ 形容詞　*Ser / estar* ＋ adjetivo
5. tener ＋ 名詞の表現　*Tener* ＋ sustantivo

Unidad 6　p.31
1. 動詞 ir, ver, hacer, poner, salir　Los verbos: *ir, ver, hacer, poner, salir*
2. ir a ＋ 不定詞、tener que ＋ 不定詞　ir a ＋ infinitivo, tener que ＋ infinitivo
3. 時刻の表現　La hora
4. 日付の表現　Los días de la semana y los meses
5. 疑問詞 (2)　Los interrogativos (2)

Unidad 7　p.37
1. 語幹母音変化動詞　Los verbos irregulares con cambio vocálico
2. 天候表現　El tiempo
3. 直接目的格人称代名詞　Los pronombres personales en función de complemento directo

Unidad 8　p.43
1. 動詞 oír, venir, saber, conocer　Los verbos: *oír, venir, saber, conocer*
2. 間接目的格人称代名詞　Los pronombres personales en función de complemento indirecto
3. 動詞 dar, decir, traer　Los verbos: *dar, decir, traer*

Unidad 9　p.49
1. 再帰動詞　Los verbos reflexivos
2. 再帰動詞　その他の用法　Usos de los verbos reflexivos
3. 義務の表現　La expresión de obligación

Unidad 10	p.55	1. 前置詞格人称代名詞　Los pronombres con preposición
		2. 動詞 gustar　El verbo *gustar*
		3. gustar 型動詞　Otros verbos del grupo de *gustar*
		4. 所有形容詞後置形　Los adjetivos posesivos
Unidad 11	p.61	1. 比較級　La comparación
		2. 最上級　El superlativo
		3. 不定語・否定語　Los pronombres indefinidos
		4. 感嘆文　La frase exclamativa
Unidad 12	p.67	1. 直説法点過去 ―規則動詞　El pretérito indefinido de indicativo － Verbos regulares
		2. 直説法点過去 ―不規則動詞　El pretérito indefinido de indicativo － Verbos irregulares
		3. 数 100 ～ 2,000　Los numerales (100 - 2000)
Unidad 13	p.73	1. 直説法線過去 ―規則動詞　El pretérito imperfecto de indicativo － Verbos regulares
		2. 直説法線過去 ―不規則動詞　El pretérito imperfecto de indicativo － Verbos irregulares
		3. 点過去と線過去　El pretérito indefinido e imperfecto
		4. 直接話法・間接話法　La frase de estilo directo e indirecto
		5. 数 10,000 ～　Los numerales（10 000 -）
		6. 序数　Los números ordinales
Unidad 14	p.79	1. 過去分詞　El participio
		2. 直説法現在完了　El pretérito perfecto de indicativo
		3. 直説法過去完了　El pretérito pluscuamperfecto de indicativo
Unidad 15	p.85	1. 現在分詞　El gerundio
		2. 現在進行形　El presente continuo
		3. 現在分詞のその他の用法　Los otros usos del gerundio
		4. 関係代名詞 que　El pronombre relativo *que*
		5. 関係副詞 donde　El adverbio relativo *donde*
Unidad 16	p.91	1. 直説法未来　El futuro imperfecto
		2. 直説法過去未来　El condicional
補遺 1	p.97	1. 接続法現在 ―規則動詞　El presente de subjuntivo － Verbos regulares
		2. 接続法現在 ―不規則動詞　El presente de subjuntivo － Verbos irregulares
		3. 接続法の用法　El uso del subjuntivo
補遺 2	p.99	1. 接続法過去　El pretérito de subjuntivo
		2. 接続法過去の用法　El uso del pretérito de subjuntivo
補遺 3	p.101	1. 命令表現　El imperativo
		2. 命令表現での代名詞の位置　El imperativo y los pronombres

GRAMÁTICA Y EJERCICIOS

Unidad 1

1 アルファベット　El alfabeto 🎧 1-2

文字	読み方	文字	読み方	文字	読み方
A a	a	J j	jota	R r	erre
B b	be	K k	ka	S s	ese
C c	ce	L l	ele	T t	te
D d	de	M m	eme	U u	u
E e	e	N n	ene	V v	uve
F f	efe	Ñ ñ	eñe	W w	uve doble
G g	ge	O o	o	X x	equis
H h	hache	P p	pe	Y y	ye (i griega)
I i	i	Q q	cu	Z z	zeta

2 注意すべきつづり　Ortografía y pronunciación 🎧 1-3

	[a]	[e]	[i]	[o]	[u]
[k]	ca	**que**	**qui**	co	cu
[g]	ga	**gue**	**gui**	go	gu
[gw]	gua	**güe**	**güi**	guo	
[θ][s]	**za**	ce	ci	**zo**	**zu**
[x]	**ja**	**ge / je**	**gi / ji**	jo	ju

3 アクセントのルール　El acento 🎧 1-4

1) 母音または -n, -s で終わる語は、終わりから2番目の音節にアクセントがあります。
　ave**ni**da　大通り　　**ca**sa　家　　**mun**do　世界　　se**ma**na　週
　Carmen　カルメン　　**lu**nes　月曜日

2) -n, -s 以外の子音で終わる語は、最後の音節にアクセントがあります。
　espa**ñol**　スペイン語　　Por**tugal**　ポルトガル　　traba**jar**　仕事をする　　universi**dad**　大学

3) 例外：アクセント符号のある語は、符号のついた音節にアクセントがあります。
　a**quí**　ここに　　esta**ción**　駅　　japo**nés**　日本語　　**mú**sica　音楽　　te**lé**fono　電話

4 母音　Las vocales 🎧 1-5

強母音　a e o　　　　弱母音　i u
☆ u は日本語の「う」より唇を丸めて発音します。

1) 二重母音
　「弱母音」＋「強母音」 ia ie io ua ue uo
　　piano ピアノ　　tiempo 時間　　cuarto 部屋　　puente 橋　　antiguo 古い
　「強母音」＋「弱母音」 ai(ay) ei(ey) oi(oy) au eu ou
　　baile ダンス　　reina 女王　　causa 原因　　Europa ヨーロッパ
　「弱母音」＋「弱母音」 iu ui(uy)
　　ciudad 都市　　triunfo 勝利　　ruido 騒音　　Luis ルイス

- 「強母音」+「強母音」は二重母音ではなく、独立した 2 つの母音として扱います。
  museo 美術館　idea アイデア　país 国（アクセント符号のついた í, ú は強母音。）

2) 三重母音
「弱母音」+「強母音」+「弱母音」iai iei uai(uay) uei(uey)
  estudiáis 勉強する　Paraguay パラグアイ

5 子音　Las consonantes 🎧 1-6

1) 比較的やさしい子音

b=v	[b]	árbol 木	barco 船	vino ワイン
ch	[tʃ]	chico 男の子	coche 車	mucho たくさんの
d	[d]	dinero お金	dónde どこに	médico 医者
（語末ではほとんど無音）		universidad 大学	Madrid マドリード	usted あなたは
f	[f]	famoso 有名な	fiesta パーティー	profesor 先生
k	[k]（外来語のみ）	kilogramo キログラム	kimono 着物	Tokio 東京
m	[m]	madre 母	mesa テーブル	número 数
n	[n]	nombre 名前	nieto 孫	nada 何も～ない
ñ	[ɲ]	España スペイン	niña 女の子	compañía 会社
p	[p]	padre 父	película 映画	papel 紙
s	[s]	semana 週	siesta 昼寝	viernes 金曜日
t	[t]	tarde 午後	tío おじ	total 全部の
w	[w]（外来語のみ）	whisky ウイスキー	web ウェブ	

2) 注意を要する子音

c	[k]	ca co cu	casa 家	banco 銀行	cultura 文化
	[θ][s]	ce ci	centro 中心	cine 映画館	ciudad 都市
g	[g]	ga go gu	gato 猫	amigo 友人	agua 水
		gue gui	guerra 戦争	guitarra ギター	
	[x]	ge gi	gente 人々	página ページ	
	[gw]	güe güi	bilingüe バイリンガル	pingüino ペンギン	
h	[無音]		ahora 今	hotel ホテル	Alhambra アルハンブラ宮殿
j	[x]		Japón 日本	junio 6月	ojo 目
l	[l]		libro 本	sol 太陽	luna 月
ll	[ʎ]		paella パエリャ	llover 雨が降る	calle 通り
q	[k]	que qui	pequeño 小さい	aquí ここに	
r	[r]		historia 歴史	caro 高価な	trabajar 働く
	[r̃]（語頭）		radio ラジオ	río 川	restaurante レストラン
rr	[r̃]		perro 犬	correo 郵便	arriba 上に
x	[ks]（母音の前）		examen 試験	taxi タクシー	
	[s]（子音の前）		extranjero 外国人	excursión 遠足	
	[x]（例外として）		México メキシコ		
y	[j]		ayer 昨日	yo 私は	ya もう
	[i]（語末または単独）		hoy 今日	Paraguay パラグアイ	y そして
z	[θ][s]		cerveza ビール	azul 青い	diez 10

3) 二重子音：次の 2 つの子音の組み合わせは、ひとつの子音として扱います。
bl cl fl gl pl
blanco 白い　　　　clase 授業　　　　flor 花　　　　plan 計画
br cr fr gr pr dr tr
francés フランス語　gracias ありがとう　padre 父　　　tres 3

ちょこ練 1 次の単語を発音しましょう。Lee. 1-7

1) estación 駅
2) gigante 巨人
3) calle 通り
4) joven 若い
5) queso チーズ
6) mexicano メキシコ人
7) cocina 台所
8) música 音楽
9) mujer 女性
10) siguiente 次の
11) viajar 旅行する
12) zapatos 靴
13) ingeniero 技師
14) torre 塔
15) español スペイン語
16) hijo 息子
17) ventana 窓
18) zoo 動物園
19) química 化学
20) llegar 着く

ちょこ練 2 次の単語の中で一番強く発音する母音に○をつけ、発音しましょう。Sigue el modelo. 1-8

例：casa → c@sa

1) cambio 変化
2) antiguo 古い
3) Europa ヨーロッパ
4) tarea 課題
5) ruinas 遺跡
6) animal 動物
7) Argentina アルゼンチン
8) patio 中庭
9) farmacia 薬局
10) triunfo 勝利
11) viuda 未亡人
12) aire 空気
13) bueno 良い
14) trabajar 働く
15) estudiante 学生
16) izquierda 左
17) parque 公園
18) feliz 幸福な
19) cielo 空
20) aeropuerto 空港

ちょこ練 3 0から10までの数字を発音して覚えましょう。Lee. 1-9

0 cero	1 uno	2 dos
3 tres	4 cuatro	5 cinco
6 seis	7 siete	8 ocho
9 nueve	10 diez	

ちょこ練 4 国名や国籍を発音して覚えましょう。Lee. 1-10

国名	国籍		Italia	italiano	italiana
Japón	japonés	japonesa	Alemania	alemán	alemana
China	chino	china	Francia	francés	francesa
España	español	española	México	mexicano	mexicana
Inglaterra	inglés	inglesa	Estados Unidos	estadounidense	estadounidense

見てみよう —Cultura

Lugares turísticos de España

La Alhambra (Granada)

Mezquita (Córdoba)

Catedral de Sevilla

DIÁLOGOS

1-11

(en la universidad)

Profesor: Hola, buenos días.

Diana: Hola, profesor.

Diana: Gracias.

Paolo: De nada.

Profesor: Adiós, hasta luego, Diana.

Diana: Adiós, profesor.

Práctica で使用する表現

あいさつ（Saludos）			
Hola.	Buenos días.	Buenas tardes.	Buenas noches.

別れのあいさつ（Despedidas）	
Adiós.	Hasta luego.

方位など（Posición）					
aquí	centro	este	oeste	sur	norte

教室で使う表現（Frases para usar en clase）

¿Cómo se dice... en español?   ¿Cómo se escribe?
¿Está bien así?   Sí. / No.
Gracias.   De nada.
Por favor.

見てみよう —Cultura

Platos de la gastronomía del mundo hispano

Chocolate con churros

Paella

Pulpo a la gallega

Tacos (México)

Ceviche (Perú)

Asado (Argentina)

PRÁCTICA

1) ¿Cuántas palabras conoces en español? Relaciona las palabras con las imágenes.
写真にあてはまる単語を選びましょう。

| flamenco | chocolate | café | paella | churros |
| bar | siesta | guitarra | hotel | gazpacho |

1) _____
2) _____
3) _____
4) _____
5) _____

6) _____
7) _____
8) _____
9) _____
10) _____

2) Mira el mapa y lee una ciudad. Tu compañero tiene que buscarla y decir dónde está. Sigue el modelo. 町を一つ選んで、どこにあるのかを聞きましょう。ペアの人は、その町の方角（este 東、oeste 西、sur 南、norte 北、centro 中央）を答えましょう。

例： A: ¿Valencia?
　　 B: Este. Aquí.
　　 A: ¿Madrid?
　　 B: Centro. Aquí.

3) (Alumno B 6ページ) Practica con tu compañero. 例にならって、単語のつづりをペアで教えあいましょう。

例： Alumno A: ¿Cómo se dice "傘" en español?　　Alumno B: *Paraguas*.
　　 Alumno A: ¿Cómo se escribe?　　　　　　　　Alumno B: *pe-a-erre-a-ge-u-a-ese*.
　　 Alumno A: ¿Está bien así?　　　　　　　　　　Alumno B: Sí.
　　 Alumno A: Gracias.　　　　　　　　　　　　　　Alumno B: De nada.

Alumno A

libro　　　　silla　　　　pizarra　　　　bolígrafo　　　　móvil

paraguas　　_____　　_____　　_____　　_____

3 (Alumno A　5ページ) **Practica con tu compañero.** 例にならって、単語のつづりをペアで教えあいましょう。

例： Alumno B: ¿Cómo se dice "本" en español?　　Alumno A: *Libro.*
　　 Alumno B: ¿Cómo se escribe?　　　　　　　　Alumno A: *ele-i-be-erre-o.*
　　 Alumno B: ¿Está bien así?　　　　　　　　　　Alumno A: Sí.
　　 Alumno B: Gracias.　　　　　　　　　　　　　Alumno A: De nada.

Alumno B

libro

paraguas　　　lápiz　　　universidad　　　diccionario　　　goma

4 ¿Conoces estos lugares del mundo hispánico? 次の場所を知っていますか？読んでみましょう。

Machu Picchu　　　Las cataratas del Iguazú　　　Salar de Uyuni

El Palacio de la Alhambra　　　Cancún　　　La Habana

🔍 見てみよう ―Cultura

Lugares turísticos de España

Don Quijote y Sancho Panza (Plaza de España, Madrid)　　　Museo Nacional del Prado (Madrid)　　　Toledo

GRAMÁTICA Y EJERCICIOS

1　名詞の性　El género de los sustantivos

スペイン語の名詞は男性名詞と女性名詞にわけられます。

1) 自然の性のある名詞

男性名詞	amigo　chico　hijo　hermano	profesor　señor	padre　hombre
女性名詞	amiga　chica　hija　hermana	profesora　señora　señorita	madre　mujer

☆男女同形の名詞：estudiante　　pianista

2) 自然の性のない名詞

-o で終わる単語の多くは男性名詞、-a で終わる単語の多くは女性名詞です。
-ción, -sión, -dad で終わる語も女性名詞。

男性名詞	libro　vino　diccionario	restaurante　coche　hotel
女性名詞	casa　mesa　cerveza	universidad　ciudad　estación　televisión

☆ -a で終わる男性名詞：día　　mapa　　problema
☆ -o で終わる女性名詞：foto　　mano　　radio

ちょこ練 1　男性名詞は女性名詞に、女性名詞は男性名詞にして和訳しましょう。Cambia de género.

1) hermana → _____　　2) estudiante → _____　　3) amigo → _____
4) futbolista → _____　　5) pintor → _____　　6) camarera → _____
7) médico → _____　　8) enfermera → _____　　9) hijo → _____

2　名詞の数　El número de los sustantivos

単数形と複数形があります。

1) 母音で終わる名詞には -s をつけて複数形にします。
　　coche → coches　　　　estudiante → estudiantes　　　　casa → casas

2) 子音で終わる名詞には -es をつけて複数形にします。
　　hotel → hoteles　　　profesor → profesores　　　ciudad → ciudades
　・-z で終わる語：vez → veces
　・アクセント符号の削除：estación → estaciones　　　japonés → japoneses
　・アクセント符号の付加：examen → exámenes

ちょこ練 2　次の名詞を複数形にして和訳しましょう。Cambia al plural.

1) libro → _____　　2) universidad → _____　　3) mujer → _____
4) lápiz → _____　　5) tren → _____　　6) vacación → _____

3　定冠詞　El artículo determinado

特定された人や物を示します。「その、それらの」の意味になります。

	単数	複数
男性	el	los
女性	la	las

el niño　　los niños
la niña　　las niñas

4 不定冠詞　El artículo indeterminado 🎧 1-15

不特定の人や物を示します。単数形は「ひとつの、ある」、複数形は「いくつかの～」の意味になります。

	単数	複数
男性	un	unos
女性	una	unas

un libro　　unos libros
una casa　　unas casas

ちょこ練 3　定冠詞と不定冠詞を記入して和訳しましょう。Escribe el artículo determinado e indeterminado.

　　　　定冠詞　　　　　　不定冠詞　　　　　　　　　　　　　定冠詞　　　　不定冠詞
1) (　　　) restaurantes / (　　　) restaurantes　　2) (　　　) amiga / (　　　) amiga
3) (　　　) universidad / (　　　) universidad　　4) (　　　) días / (　　　) días
5) (　　　) examen / (　　　) examen　　　　　　　6) (　　　) fotos / (　　　) fotos

---

5 主格人称代名詞　Los pronombres personales de sujeto 🎧 1-16

	単数		複数	
1人称	yo	私は	nosotros, nosotras	私たちは
2人称	tú	君は	vosotros, vosotras	君たちは
3人称	él	彼は	ellos	彼らは
	ella	彼女は	ellas	彼女たちは
	usted	あなたは	ustedes	あなた方は

☆usted は Ud. または Vd.、ustedes は Uds. または Vds. と略記されます。
☆イスパノアメリカでは vosotros、vosotras の代わりに ustedes が用いられます。

---

6 動詞 ser　直説法現在　El presente de indicativo — Verbo *ser* 🎧 1-17

	単数		複数	
1人称	yo	soy	nosotros /-as	somos
2人称	tú	eres	vosotros /-as	sois
3人称	él, ella, Ud.	es	ellos, ellas, Uds.	son

☆主語は省略できます。

1) 職業、国籍を表します。
　　Soy estudiante.　　Ella es profesora.　　Nosotros somos japoneses.

2) ser + de ～：出身を表します。
　　Soy de Tokio.　　Ana es de Madrid.　　Ellos son de España.
　　疑問文は主に＜動詞＋主語＞の順になります。否定文は動詞の前に no を置きます。
　　A: ¿Es usted japonés?　　B: Sí, soy japonés. / No, no soy japonés.

ちょこ練 4　動詞 ser を正しい形にして入れ、和訳しましょう。Escribe el verbo *ser* en la forma adecuada.

1) Masato _____ estudiante de español.　　2) Los coches _____ de Alemania.
3) ¿_____ tú de Japón?　　　　　　　　　　4) Yo _____ Ana.
5) Nosotras _____ mexicanas.　　　　　　　6) ¿_____ vosotras españolas?

UN POCO MÁS

Unidad 2

1 次の名詞を、男性名詞と女性名詞にわけましょう。Separa los sustantivos en masculinos y femeninos.

hijo　　hombre　　madre　　dependienta　　camarero
guitarra　　café　　hotel　　cerveza　　bocadillo

男性名詞 m.	女性名詞 f.

2 [　　] に定冠詞を入れ、さらに複数形にしましょう。Escribe el artículo determinado y después forma el plural.

1) [　　] mujer　→（複数形）.................................
2) [　　] problema　→（複数形）.................................
3) [　　] examen　→（複数形）.................................

3 [　　] に不定冠詞を入れ、さらに複数形にしましょう。Escribe el artículo indeterminado y después forma el plural.

1) [　　] canción　→（複数形）.................................
2) [　　] señor　→（複数形）.................................
3) [　　] ciudad　→（複数形）.................................

4 枠内から語句を一つずつ選んで、文を5つ作りましょう。Une las tres columnas y haz frases.

Carlos y yo	no soy	peruanos
la señora Santos	son de	profesor
Mika y tú	es	japonesas
yo	somos	abogada
ellas	sois	Argentina

1) Carlos y yo ....
2) La señora Santos ....
3) Mika y tú ....
4) Yo ....
5) Ellas ....

5 スペイン語に訳しましょう。Traduce al español.

1) 「君は学生なの？」「はい、スペイン語の学生です。」

....

2) 「Ana はお医者さんですか？」「いいえ、彼女は看護師です。」

....

3) 「Luis と君はスペインの出身なの？」「はい、マドリードの出身です。」

....

4) 「あなた方はドイツ人ですか？」「いいえ、フランス人です。」

....

DIÁLOGOS

1-18

(en la universidad)

Profesora: Hola, tú eres Marcelo, ¿no?

Paolo: No, yo soy Paolo y ella es Diana. Él es Marcelo.

Profesora: Vosotros sois estudiantes de español, ¿no?

Paolo: Sí, y usted la profesora García. Encantado.

Profesora: Encantada, Paolo.

Profesora: Vosotros sois Mio y Hiroshi, ¿no?

Masato: No, nosotros somos Moe y Masato. Moe es japonesa, de Yokohama, y yo soy japonés, de Tokio. Ellos son Mio y Hiroshi, son de Nagoya.

Profesora: Ellas son Elizabeth y Mary, ¿no?

Masato: Sí, ellas también son estudiantes de español. Son inglesas, de Londres.

(en la cafetería de la universidad)

Paolo: Hola, Diana, ¿qué tal?

Diana: Bien, ¿y tú?

Paolo: Bien, gracias. ¿Un café?

Diana: Sí, por favor, un café con leche. ¿Y tú?

Paolo: Un cortado.

Camarero: Muy bien. Ahora mismo.

- café
- café cortado
- café con leche

Práctica で使用する表現

出会いのあいさつ（Saludos）				
¿qué tal?	bien, ¿y tú?	muy bien	encantado/encantada	mucho gusto
飲み物（Bebidas）				
un café	un café con leche	un cortado	un té con limón	un vaso de leche
un zumo de naranja	una cerveza	un vino	un refresco	
軽食（Comida）				
un bocadillo de jamón /calamares /queso		unos churros		
職業など（Profesiones）				
médico/médica	enfermero/enfermera	empleado/empleada	abogado/abogada	
profesor/profesora	periodista	camarero/camarera	dependiente/dependienta	
estudiante	compañero/compañera	cocinero/cocinera		

PRÁCTICA

Unidad 2

1 Mira el recuadro y haz como en el modelo. 例にならって、枠内の適切な単語を使って職業を言いましょう。

| estudiante | médico/médica | empleado/empleada | profesor/profesora |
| periodista | enfermero/enfermera | | |

例: (nosotros)   1) (ella)   2) (ellos)   3) (vosotras)   4) (yo)   5) (tú)

例: Somos estudiantes.
1) _____
2) _____
3) _____
4) _____
5) _____

2 Mira el recuadro y responde como en el modelo. 例にならって、職業を尋ねて、答えましょう。

yo (cocinero)	nosotros (estudiante)	Luis (dependiente)
Cristina (enfermera)	Miguel y yo (médico)	Carlos y Pablo (empleado)
Javier (profesor)	Laura (abogada)	Clara (profesora) Marisa (enfermera)

例: A: *¿Qué es* Laura?　　　　　　　　B: *Ella es abogada.*
1) ¿............................ Javier y Clara? ....
2) ¿............................ vosotros? ....
3) ¿............................ tú (男性)? ....
4) ¿............................ Luis? ....
5) ¿............................ Marisa y Cristina? ....
6) ¿............................ Miguel y tú? ....
7) ¿............................ Carlos y Pablo? ....

3 Mira la página 3 y haz como en el modelo. 3ページの表を参考に、国籍と出身地を言いましょう。

例: Mary (Londres)　　　*Mary es inglesa, de Londres.*

1) Yo (Berlín) ....   2) Hiroshi y yo (Nagoya) ....
3) Nosotros (Los Ángeles) ....   4) Ellas (Tokio) ....
5) Él y Paolo (Roma) ....   6) Anna y Miguel (Nueva York) ....
7) Ellas (Sevilla) ....   8) Diana (París) ....
9) Miguel y tú (Londres) ....   10) Alex (Madrid) ....

4 Mira el ejercicio anterior y haz libremente preguntas a tu compañero como en el modelo.
練習3の情報を使って、自由にペアで質問しあいましょう。

例: A: ¿Es Mary francesa?　　　　B: No, no es francesa. Es inglesa, de Londres.
　　A: ¿Sois Hiroshi y tú japoneses?　B: Sí, Hiroshi y yo somos japoneses, de Nagoya.

5 Practica con dos compañeros y leed el diálogo. Haced uno nuevo como el modelo.
次の会話を読んで、3人で練習しましょう。

例： **Diana:** ¡Hola, Paolo!, ¿qué tal?　　　　　　**Paolo:** Bien, ¿y tú?
　　 Diana: Muy bien. Gracias. Mira, ella es Moe,
　　　　　　　una compañera de la clase de español.　**Paolo:** ¡Hola, Moe! Encantado.
　　 Moe:　 Encantada.

6 Practica con tu compañero. Haz como en el modelo. 例にならってペアで練習しましょう。

例： A: Él es estudiante.　　　　　B: Yo *también* soy estudiante.
1) Ella es estudiante.　　　　　　Nosotros ....
2) Ellas son enfermeras.　　　　　Yo (男) ....
3) Tú eres periodista.　　　　　　Ellos ....
4) Yo soy dependiente.　　　　　　Tú (女) ....
5) Nosotros somos abogados.　　　Vosotras ....

7 Mira el recuadro y practica con tu compañero. Uno hace de cliente y el otro de camarero.
例にならって、注文する食べ物・飲み物を変えてペアで練習しましょう。

| un café　un café con leche　un cortado　un té　una cerveza　un vino
un refresco　un zumo de naranja
un bocadillo de jamón　un bocadillo de queso　un bocadillo de calamares　unos churros |

例： **Cliente:** *Un café y un bocadillo de jamón, por favor.*　**Camarero:** Muy bien. Ahora mismo.

8 Practica con tu compañero. Leed y haced un diálogo nuevo.
下線部の情報を変えて、ペアで練習しましょう。

例： Marcelo:　¡Hola, Diana! ¿Un café?　　　　　Diana: Sí, un café con leche, por favor. ¿Y tú?
　　 Marcelo:　Yo, una cerveza y un bocadillo de calamares.　Diana: Yo también un bocadillo, pero de jamón.
　　 Camarero: Muy bien. Ahora mismo.

9 Contesta a las preguntas. 質問に自由に答えましょう。

1) ¿Eres profesor / profesora?　　　　　　　　......................
2) ¿Qué es él? (abogado)　　　　　　　　　　 ....
3) Yo, un café y un bocadillo de calamares. ¿Y tú?　......................
4) Hola, soy Lucas Vázquez. Encantado.　　　　......................

🔍 見てみよう —Cultura

Lugares turísticos de España

Acueducto (Segovia)

Museo Guggenheim (Bilbao)

Plaza Mayor (Salamanca)

GRAMÁTICA Y EJERCICIOS

Unidad 3

1 形容詞　El adjetivo 🎧 1-19

形容詞は原則として名詞の後ろに置かれ、修飾する名詞の性・数に合わせて語尾が変化します。
形容詞の複数形の作り方は、名詞の場合と同じで、母音で終わる語に **-s**、子音で終わる語には **-es** をつけます。

1) **-o** で終わる形容詞は性・数変化します。
    un chico alt**o**　　　　　unos chicos alt**os**
    una chica alt**a**　　　　 unas chicas alt**as**

2) **-o** 以外で終わる形容詞は数のみ変化します。
    el hombre alegre　　los hombres alegre**s**　　　la mujer alegre　　　las mujeres alegre**s**
    un libro difícil　　　 unos libros difícil**es**　　　una novela difícil　 unas novelas difícil**es**

- 国名・地名の形容詞は性数変化します。
    el coche japonés　　los coches japones**es**　　la casa japones**a**　　las casas japones**as**
- **mucho, bueno** など、名詞の前に置かれる形容詞もあります。
    Muchas gracias. / Mucho gusto.　　　　　Buenos días. / Buenas tardes. / Buenas noches.

> **ちょこ練 1** （　　）内の形容詞を適切な形にして、和訳しましょう。Escribe la forma correcta del adjetivo.
> 1) una chica (simpático) → _____
> 2) los hombres (alto) → _____
> 3) las amigas (alegre) → _____
> 4) una estudiante (español) → _____
> 5) los exámenes (difícil) → _____
> 6) los coches (alemán) → _____
> 7) los hermanos (mayor) → _____
> 8) unos profesores (joven) → _____

3) **ser + 形容詞**：主語の永続的な性質を表します。形容詞は主語の性・数に合わせて語尾が変化します。
    La película es interesante.　　　Las chicas son simpáticas.　　　Sois muy inteligentes.

> **ちょこ練 2** 動詞 ser と形容詞を正しい形にし文を完成させ、和訳しましょう。Escribe con la forma correcta del verbo *ser* y del adjetivo.
> 1) La chica _____ (alto) ....
> 2) Vosotras _____ muy (simpático) ....
> 3) Las preguntas _____ (fácil) ....
> 4) Nosotras _____ (alegre) ....

2 所有形容詞前置形　Los adjetivos posesivos 🎧 1-20

私の	mi	私たちの	nuestro
君の	tu	君たちの	vuestro
彼の、彼女の、あなたの	su	彼らの、彼女たちの、あなた方の	su

名詞の前に置かれ、mi, tu, su は名詞の数に、nuestro, vuestro は名詞の性・数に合わせます。

mi padre　　mis padres　　　　　　tu libro　　tus libros　　　　　　su ciudad　　sus ciudades
nuestro hermano　　　　nuestra hermana　　　　nuestros hermanos　　　　nuestras hermanas
vuestro hijo　　　　　　vuestra hija　　　　　　vuestros hijos　　　　　　vuestras hijas

> **ちょこ練 3** 所有形容詞を適切な形にして、和訳しましょう。Completa con el adjetivo posesivo apropiado.
> 1) （私たちの　　　　　　）madre
> 2) （私の　　　　　　）amigas
> 3) （彼の　　　　　　）hijos
> 4) （君たちの　　　　　　）abuelos
> 5) （君の　　　　　　）tíos
> 6) （あなた方の　　　　　　）casa

3 疑問文と否定文　La oración interrogativa y la negativa 🎧1-21

疑問文は、文頭にも疑問符をつけ、主に＜動詞＋主語＞の順になります。
否定文は動詞の前に **no** を置きます。

A: ¿Son ustedes japoneses? 　　　B: Sí, somos japoneses.
A: ¿Es la película interesante? 　　B: No, no es interesante.

疑問詞を用いる場合は、＜（前置詞＋）疑問詞＋動詞＋主語＞の順になります。

A: ¿Qué es Laura? 　　　　B: Es pintora. 　　　　　　　　☆ qué : 何
A: ¿De dónde eres? 　　　 B: Soy de México. 　　　　　　　dónde : どこ
A: ¿Quién es ella? 　　　　B: Es Elena, mi prima. 　　　　quién : 誰
A: ¿Cómo es tu padre? 　　B: Es alto y un poco gordo. 　　cómo : どのように

4 動詞 tener　直説法現在　El presente de indicativo − Verbo *tener* 🎧1-22

	単数		複数	
1人称	yo	**tengo**	nosotros /-as	**tenemos**
2人称	tú	**tienes**	vosotros /-as	**tenéis**
3人称	él, ella, Ud.	**tiene**	ellos, ellas, Uds.	**tienen**

所有を表します。

Mi hermana tiene el pelo largo. 　　　Su madre tiene los ojos azules.
A: ¿Cuántos años tienes? 　　　　　　B: Tengo dieciocho años.
A: ¿Cuántos hermanos tienes? 　　　　B: Tengo un hermano mayor y una hermana menor.

> **ちょこ練 4**　動詞 tener を正しい形にして入れ、和訳しましょう。Escribe con la forma correcta del verbo *tener*.
> 1) Yo _____ una hermana. 　　　　　　2) Miguel _____ una moto.
> 3) Alicia y su hermana _____ los ojos castaños. 　4) ¿_____ tú amigos españoles?
> 5) A: ¿_____ vosotros clases mañana? 　　B: No, no _____ clases.

5 数 1〜100　Los numerales (1-100) 🎧1-23

1 uno	2 dos	3 tres	4 cuatro	5 cinco
6 seis	7 siete	8 ocho	9 nueve	10 diez
11 once	12 doce	13 trece	14 catorce	15 quince
16 dieciséis	17 diecisiete	18 dieciocho	19 diecinueve	20 veinte
21 veintiuno	22 veintidós	23 veintitrés	24 veinticuatro	25 veinticinco
26 veintiséis	27 veintisiete	28 veintiocho	29 veintinueve	30 treinta
31 treinta y uno	32 treinta y dos	33 treinta y tres	40 cuarenta	50 cincuenta
60 sesenta	70 setenta	80 ochenta	90 noventa	100 cien

1 (uno) と、21以降の uno で終わる数には、男性形と女性形があります。
　　un año 　　　　una semana 　　　　veintiún libros 　　　　veintiuna horas
　　sesenta y un estudiantes 　　　　　noventa y una personas

UN POCO MÁS

Unidad 3

1 枠内から語を一つずつ選んで、意味の通る表現を4つ作りましょう。Une las tres columnas y haz frases.

una	novelas	joven
las	señora	interesantes
los	chico	azules
un	ojos	guapa

1) una _____
2) las _____
3) los _____
4) un _____

2 正しい所有形容詞を選びましょう。Elige el adjetivo posesivo correcto.

1) 私たちの家 (mis / nuestro / nuestra) casa
2) 君の両親 (tu / tus / vuestros) padres
3) 彼らの車 (su / sus / tus) coche
4) 君たちの大学 (tus / vuestro / vuestra) universidad

3 主語を複数形にして、全文を書き換えましょう。Sigue el modelo.

例：El chico es alto. → *Los chicos son altos.*

1) Tú eres muy simpático. → _____
2) Mi hermana es un poco baja. → _____
3) Ella es nuestra prima. → _____
4) No tengo clases mañana. → _____
5) ¿Tienes muchos amigos? → _____

4 次の数をスペイン語でつづりましょう。Escribe las cifras en español.

1) 10 horas : _____ horas
2) 12 días : _____ días
3) 18 colores : _____ colores
4) 22 libros : _____ libros
5) 41 años : _____ años
6) 81 personas : _____ personas

5 次の語にはアクセント符号がついていません。適切な母音にアクセント符号をつけましょう。Añade la tilde.

1) dieciseis
2) veintitres
3) teneis
4) facil

6 スペイン語に訳しましょう。Traduce al español.

1)「君たちの先生（女性）はどんな人ですか？」「背が高くて親切 (amable) です。」

2)「君の友人はどこの出身ですか？」「彼はメキシコの出身です。」

3)「君の弟は何歳ですか？」「15 歳です。」

4)「君には兄弟がいますか？」「はい、姉が一人います。」

DIÁLOGOS

(en la cafetería de la universidad)

Diana: Oye, Alex, ¿tienes hermanos?

Alex: Sí, tengo una hermana menor. Mira, aquí tengo una foto de mi familia.

Diana: El señor alto y un poco gordo es tu padre, ¿no?

Alex: Sí, es mi padre, Ricardo. Es médico y es trabajador y muy serio.

Diana: La señora un poco baja y delgada es tu madre, ¿no?

Alex: Sí, es mi madre, Elisa. Es ama de casa. Tiene los ojos castaños y es muy guapa, simpática y alegre. Mi hermana, Lucía, tiene 15 años. Es estudiante y tiene el pelo largo. Es un poco vaga, pero muy inteligente.

Nota: oye ねえ
mira 見て

Práctica で使用する表現

家族（Familia）						
padre	madre	abuelo/abuela	hijo/hija	hermano/hermana mayor/menor	tío/tía	primo/prima

形容詞（Adjetivos）				
alto	bajo	delgado	gordo	guapo
joven	mayor	alegre	serio	inteligente
trabajador	vago	simpático	antipático	amable

髪や目の特徴（Características）

tener el pelo corto / largo

tener los ojos castaños / azules / negros

見てみよう —Cultura

Lugares turísticos de España

La Sagrada Familia (Barcelona)

Parque Güell (Barcelona)

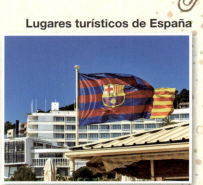
Club de fútbol Barcelona

PRÁCTICA

Unidad 3

1 Usa los adjetivos del recuadro y contesta a las preguntas como en el modelo.
枠内の形容詞を使って、自由に描写しましょう。

alto	bajo	delgado	gordo	guapo
joven	mayor	alegre	serio	inteligente
amable	simpático	antipático	trabajador	vago

例：¿Cómo es la profesora García?
Es un poco gorda, baja, mayor y muy amable.

1) ¿Cómo es Carmen?

2) ¿Cómo es Pepe?

3) ¿Cómo son Laura y Sonia?

4) ¿Cómo son David y Roberto?

2 Usa las expresiones del recuadro y contesta a las preguntas. 枠内の表現を使って答えましょう。

| tener los ojos azules | tener el pelo largo | tener los ojos castaños | tener el pelo corto |

1) ¿Cómo tienen el pelo Marcelo y Miguel?

2) ¿Cómo tiene el pelo María?

3) ¿Cómo tiene los ojos Cristina?

4) ¿Cómo tiene los ojos Pablo?

見てみよう —Cultura

Fiestas españolas

Fallas de Valencia

Feria de Sevilla

San Fermín de Pamplona (Navarra)

3 Mira el árbol genealógico de la familia de Alex y después haz el de tu familia real o imaginaria.
アレックスの家系図を見ながら下の文章を読みましょう。次にあなたの家族の家系図と家族構成を書きましょう。
架空の家族でもかまいません。

```
        Francisco ──────── Carmen
       ┌──────┴──────────────┬────────┐
  Ricardo ─ Elisa      Luis ─ Inés   Ángel
    ┌───┴───┐             │
  Alex    Lucía          Pablo
```

Tu familia real o imaginaria

家系図

.... es mi nombre…

Alex es su nombre. Elisa es su madre y Ricardo su padre. Francisco y Carmen son sus abuelos. Su padre tiene una hermana, Inés. Ella es su tía. Su padre también tiene un hermano, Ángel, su tío. Él tiene una hermana, Lucía. Su primo es Pablo.

4 Lee sobre la familia de Alex. アレックスの家族について読みましょう。 1-26

En mi familia somos 4: mi padre, mi madre, mi hermana y yo. Mi padre, Ricardo, es médico. Es alto y un poco gordo. Es trabajador y serio. Mi madre, Elisa, es ama de casa. Tiene los ojos castaños y es muy simpática y guapa. Mi hermana, Lucía, tiene 15 años. Es estudiante y tiene el pelo largo. Es un poco vaga, pero muy inteligente.

Ahora escribe sobre tu familia real o imaginaria.
あなたの家族について書きましょう。架空の家族でもかまいません。

5 Contesta a las preguntas sobre tu familia real o imaginaria. 質問に自由に答えましょう。

1) ¿Cuántos sois en la familia?
2) ¿Qué es tu padre?
3) ¿Qué es tu madre?
4) ¿Tienes hermanos?
5) ¿Qué edad tiene/n?
6) ¿Qué es tu hermano/a?
7) ¿Cómo es tu padre?
8) ¿Cómo es tu madre?
9) ¿Cómo es tu hermano/a?
10) ¿Tienes abuelos?

GRAMÁTICA Y EJERCICIOS

1 直説法現在 ―規則動詞　El presente de indicativo − Verbos regulares　🎧 1-27

-ar 動詞、-er 動詞、-ir 動詞の 3 種類があります。

		-ar 動詞	-er 動詞	-ir 動詞
		hablar（話す）	**comer**（食べる）	**vivir**（住む）
1人称単数	yo	hablo	como	vivo
2人称単数	tú	hablas	comes	vives
3人称単数	él, ella, usted	habla	come	vive
1人称複数	nosotros / -as	hablamos	comemos	vivimos
2人称複数	vosotros / -as	habláis	coméis	vivís
3人称複数	ellos, ellas, ustedes	hablan	comen	viven

-ar 動詞：comprar　enseñar　esperar　estudiar　llegar　tocar　tomar　trabajar　viajar　visitar
-er 動詞：aprender　beber　leer　vender
-ir 動詞：abrir　escribir

ちょこ練 1　次の動詞の活用形を書きましょう。Conjuga los siguientes verbos.
　　1) estudiar　　2) leer　　3) escribir

ちょこ練 2　次の動詞を分類しましょう。Pon la forma del verbo en el recuadro apropiado.
habla　　enseño　　bebes　　visitáis　　leo　　escribimos　　venden

-ar 動詞	-er 動詞	-ir 動詞
habla (hablar)		

◆ 直説法現在の用法

1) 現在の事柄（動作・状態・習慣）を表します。
　A: ¿Hablas español?　　　　　　　　B: Sí, hablo un poco de español.
　A: ¿Qué estudiáis?　　　　　　　　　B: Estudiamos Economía.
　A: ¿Toca tu hermana el piano?　　　B: No, toca la guitarra.
　A: ¿Bebes cerveza?　　　　　　　　　B: No, bebo agua.
　A: ¿Dónde vivís?　　　　　　　　　　B: Vivimos en México.
　A: ¿Abren los museos todos los días?　B: No, los lunes no abren.

2) 確実性の高い未来の事柄を表します。
　Mañana visito Kioto.

ちょこ練 3　（ ）内の不定詞（動詞の原形）を直説法現在の正しい形にし、和訳しましょう。さらに [ ] の主語に変えましょう。
Conjuga correctamente los verbos.

1) ¿(Tomar, tú) _____ café?　　　　　　　　　　　　　　[ustedes]
2) Ellos (aprender) _____ guitarra.　　　　　　　　　　[yo]
3) Mi hermana (escribir) _____ muchos mensajes a sus amigas.　[ellas]
4) Yo (enseñar) _____ inglés en una academia.　　　　[Mariana]
5) Mi padre (beber) _____ vino blanco a veces.　　　　[mis padres]
6) Mi amigo (vivir) _____ en un apartamento.　　　　　[nosotros]
7) Mi madre y yo (comprar) _____ el pan en el mercado.　[ellos]
8) Los estudiantes (leer) _____ libros de Economía.　　[nosotras]

2 主な前置詞　Las preposiciones 🎧1-28

1) a 「〜へ」　　　A: ¿Cuándo llega tu amiga a Japón?　B: Hoy llega a Tokio.
　　　「(人)に」　　A: ¿A quién enseña usted japonés?　B: Enseño japonés a Pepa.
　　　「(人)を」　　A: ¿A quién esperas?　B: Espero a mis abuelos.
　　☆直接目的語が人のとき、その前に前置詞 a をつけます。　参考 Espero un taxi.

2) de 「〜の」　　A: ¿Dónde viven los padres de Ana?　B: Viven en Perú.
　　　「〜から」　A: ¿De dónde sois?　B: Somos de Granada.

3) en 「〜(の中)に／で」Trabajamos en una cafetería.
　　　En verano mi hermano estudia inglés en Inglaterra.

4) con 「〜と一緒に」A: ¿Con quién vive Luis?　B: Vive con su hermano mayor.

5) por 「(場所)を」　Todos los veranos viajo por Europa.
　　　「〜の間」　　Por la mañana desayuno café con leche.　参考 por la tarde, por la noche

6) para 「〜のために」Antonio estudia Economía para trabajar en una empresa extranjera.

ちょこ練 4
前置詞が必要な場合には補い、不必要な場合には×をつけ、和訳しましょう。Completa con la preposición adecuada si es necesaria.

1) Mi hermana toma té (　　) la mañana.　2) Esperamos (　　) un taxi.
3) La hija (　　) Isabel habla japonés.　4) Ahora el tren llega (　　) la estación.
5) El domingo visitamos (　　) Kamakura.　6) ¿(　　) quién esperas?
7) (　　) verano siempre viajo (　　) mi familia.
8) A veces estudio (　　) mi amiga (　　) la biblioteca.

3 疑問詞 (1)　Los interrogativos (1) 🎧1-29

qué　A: ¿Qué hay en tu habitación?　B: Hay una cama, una mesa y una silla.
　　☆ hay：〜がある

dónde　A: ¿Dónde trabajáis?　B: Trabajamos en la oficina de turismo de nuestra ciudad.

quién, quiénes　A: ¿Quiénes son ellos?　B: Son mis hijos.
　　　　　　　A: ¿Con quién vives?　B: Vivo con mi hermana.

cómo　A: ¿Cómo es tu madre?　B: Es un poco baja, pero muy simpática.

cuándo　A: ¿Cuándo es el examen?　B: Es el lunes.

cuánto　A: Un café con leche, por favor. ¿Cuánto es?　B: Son dos euros.

cuánto, cuánta, cuántos, cuántas
　　　A: ¿Cuántos hermanos tienes?　B: Tengo una hermana.
　　　A: ¿Cuántos años tienes?　B: Tengo veinte años.

ちょこ練 5
質問と答えを結び付け和訳しましょう。Relaciona.

1) ¿Cuántas horas estudias?　　a. Es mi hermana menor.
2) ¿Dónde coméis?　　　　　　b. Dos horas.
3) ¿Cuándo trabajas?　　　　　c. Es simpática y alegre.
4) ¿Quién es ella?　　　　　　d. Los lunes.
5) ¿Cómo es tu hermana?　　　e. En la universidad.

UN POCO MÁS

Unidad 4

1 枠内から適切な動詞を選び、直説法現在の正しい形にし、文を完成させましょう。Completa con un verbo.

> enseñar   leer   practicar   tocar   trabajar

1) ¿Qué deportes (   ) usted?
2) Luis (   ) en un hospital. Es médico.
3) Ellas (   ) francés en una academia.
4) ¿(   ) tú el periódico en inglés?
5) Los sábados mi amigo y yo (   ) la guitarra en un restaurante español.

2 正しい語順に並び替え、斜体字の不定詞（動詞の原形）は直説法現在の正しい形にし、文を完成させましょう。Conjuga el verbo y construye la frase.

1) español / en / Yo / para trabajar / *estudiar* / Latinoamérica
   Yo ....
2) *abrir* / los domingos / En / las tiendas / no / España
   En ....
3) *hablar* / Mi hermana y yo / un poco de / inglés
   Mi hermana y yo ....
4) *desayunar* / mi / una cafetería / padre / en / De lunes a viernes
   De lunes a viernes ....
5) Nuestra / muy / *cocinar* / bien / abuela
   Nuestra ....

3 必要な前置詞を適切な1または2箇所に入れて、文を完成させましょう。Pon una o dos preposiciones necesarias.

1) ¿Bebes un vaso agua la mañana?
2) Todos los días tomo un café leche.
3) María come una cafetería y yo como casa.
4) Los padres Carmen viven Valencia.
5) Yo estudio Derecho ser abogado.

4 1か所だけ間違いを探して、正しく書き直しましょう。Busca el error.

1) Esperamos María aquí.
2) Visitamos a Kioto mañana.
3) Sábados mi hermano trabaja en un bar.
4) ¿Cuántos tienes hermanos?
5) ¿Quién son ellos?
6) Mis padre hablan inglés.

5 スペイン語に訳しましょう。Traduce al español.

1) 「君たちはスペイン語を話しますか？」「はい、少しのスペイン語を話します。」
   ....
2) 「君は誰と住んでいるの？」「私の姉と一緒に住んでいます。」
   ....
3) 「君のお兄さんは何歳ですか？」「25歳です。」
   ....
4) 「君のお父さんはどこで働いているの？」「ある病院で働いています。」
   ....

DIÁLOGOS

(en la cafetería de la universidad)

Paolo: Diana, ¿de dónde eres?

Diana: Soy francesa, de Marsella. Tú eres inglés, ¿no?

Paolo: No, soy italiano, de Florencia.

Diana: ¿Es Alex inglés?

Paolo: No, es español, de Sevilla.

Paolo: Diana, ¿qué estudias en Sevilla?

Diana: Estudio Historia... y trabajo de guía para turistas franceses. También estudio español para trabajar en una agencia de viajes. ¿Y tú?

Paolo: Yo estudio Periodismo y español para trabajar en España. Ahora enseño inglés en una academia. Vivo en Sevilla con mi familia en un piso. Y tú, ¿dónde vives?

Diana: Vivo sola en un apartamento aquí, en Sevilla.

Diana: Oye, Paolo, ¿tocas la guitarra flamenca?

Paolo: Sí, practico los miércoles, viernes y sábados. Es muy difícil. Oye, Diana, ¿una cerveza?

Diana: No, lo siento, no bebo alcohol. Un zumo de naranja, por favor.

Paolo: Y..., ¿un bocadillo de jamón?

Diana: No, gracias. No tomo carne. Un bocadillo de queso, por favor.

Nota: lo siento ごめんなさい
los + 曜日　毎週〜曜日

Práctica で使用する表現

規則動詞（Verbos regulares）							
hablar	trabajar	estudiar	cocinar	viajar	tocar	tomar	comprar
cantar	enseñar	comer	beber	vender	leer	vivir	escribir

言語（Lenguas）							
inglés	español	francés	japonés	alemán	chino	coreano	italiano

学問分野（Especialidades）					
Periodismo	Historia	Economía	Derecho	Literatura	Medicina
Sociología	Psicología	Informática	Turismo	Matemáticas	

働く場所（Lugares de trabajo）						
tienda	hotel	academia	cafetería	restaurante	bar	empresa	hospital

住む場所（Vivienda）			
apartamento	casa	piso	residencia de estudiantes

曜日とその表現（Los días de la semana）						
lunes	martes	miércoles	jueves	viernes	sábado	domingo
de lunes a viernes	el lunes	todos los lunes	los domingos			

PRÁCTICA

Unidad 4

1 Mira las imágenes y contesta a las preguntas de tu compañero.　写真を見ながら質問に答えましょう。

例：¿Dónde trabajan ellos?　1) ¿Dónde trabajan ustedes?　2) ¿Dónde trabajas tú?　3) ¿Dónde trabaja ella?

Trabajan en un hotel.

2 Mira las imágenes y la respuesta. Haz la pregunta como en el modelo.
絵を見ながら質問を作りましょう。

例：¿Qué estudian ustedes?　1) ¿ _____ ?　2) ¿ _____ ?　3) ¿ _____ ?

Estudiamos Periodismo.　Yo estudio Derecho.　Él estudia Economía.　Ella estudia Psicología.

3 Mira las imágenes y contesta a las preguntas de tu compañero.　写真を見ながら質問に答えましょう。

> piso　residencia de estudiantes　casa　apartamento

例：¿Dónde vivís ella y tú?　1) ¿Dónde viven ustedes?　2) ¿Dónde vive ella?　3) ¿Dónde vive él?

 (casa image)  (residence image)

Vivimos en un piso.

4 Lee la información de estas personas y completa las frases.
4人の情報を見ながら、文を完成させましょう。

Maite	Diana	Alex	Paolo
Nacionalidad: **española**	*Nacionalidad:* **francesa**	*Nacionalidad:* **español**	*Nacionalidad:* **italiano**
Lenguas: **español**	*Lenguas:* **francés, inglés y español**	*Lenguas:* **español, inglés y francés**	*Lenguas:* **italiano, inglés y español**
Profesión: **médica**	*Profesión:* **guía**	*Profesión:* **guía**	*Profesión:* **periodista**
Vivienda: **piso**	*Vivienda:* **apartamento**	*Vivienda:* **casa de dos pisos**	*Vivienda:* **apartamento**
Instrumento: ✕	*Instrumento:* **piano**	*Instrumento:* **guitarra**	*Instrumento:* **guitarra**

例：Paolo *habla italiano.*

　　Maite, Diana, Alex y Paolo *hablan español*.

1) Diana, Alex y Paolo _____ Diana y Alex _____ .
2) Maite vive en un piso y Alex _____ Diana y Paolo _____ .
3) Diana toca el piano. Alex y Paolo _____ .

5 Practica con tu compañero y hazle estas preguntas sobre las personas del ejercicio 4.
練習4の情報を使って、ペアで自由に質問しあいましょう。

例：A: *¿Qué lenguas habla Paolo?*　　B: *Él habla italiano.*

¿De dónde es (son) ...?　　¿Qué es (son) ...?　　¿Dónde vive (viven)...?　　¿Qué instrumento toca (tocan)...?

6 Mira el calendario del mes de agosto y pregunta a tu compañero como en el modelo.
次の8月のカレンダーを見ながら、例にならって曜日を質問しあいましょう。

例：A: ¿Qué día de la semana es *el 8*?　　B: Es *lunes*.

lunes	martes	miércoles	jueves	viernes	sábado	domingo
1	2	3	4	5	6	7
8	9	10	11	12	13	14
15	16	17	18	19	20	21
22	23	24	25	26	27	28
29	30	31				

7 Mira el calendario y contesta a las preguntas.
練習6のカレンダーを見ながら、例にならって曜日を質問しあいましょう。（かっこの中の数字は日付を表しています。）

例：¿Qué días de la semana enseña inglés Paolo? (2 y 4)　　*Enseña inglés los martes y jueves.*

1) ¿Qué días de la semana estudia español Diana? (1, 2, 3, 4 y 5)　　..
2) ¿Qué días de la semana enseña francés Diana? (6)　　..
3) ¿Qué días de la semana enseña inglés Michael? (1, 3 y 5)　　..
4) ¿Qué días de la semana practica deportes Paolo? (7)　　..
5) ¿Qué días de la semana trabaja Alex? (6 y 7)　　..

8 Aquí tienes la presentación de Luis. Después de leerla, escribe tu presentación. 🎧 1-31
ルイスの紹介文を読んだあと、あなたの自己紹介文を書きましょう。

　　Hola, me llamo Luis García. Soy español, de Madrid. Soy alto y tengo los ojos azules. Soy simpático y alegre. Vivo en Madrid con la familia. Estudio Derecho, inglés y francés en la universidad. Trabajo en un café dos días a la semana. Hablo español, inglés y un poco de francés. No practico deportes.

Hola, me llamo ....
....
....

9 Contesta personalmente a las siguientes preguntas.　質問に自由に答えましょう。

1) ¿Qué día de la semana es hoy?
2) ¿Qué días de la semana estudias español?
3) ¿Estudias inglés?
4) ¿Qué días de la semana estudias inglés?
5) ¿Qué días no estudias en la universidad?
6) ¿Tocas el piano?
7) ¿Hablas bien o mal el inglés?
8) ¿Comes mucho o poco?
9) ¿Trabajas?
10) ¿Qué días de la semana trabajas?

GRAMÁTICA Y EJERCICIOS

Unidad 5

1 指示形容詞　Los adjetivos demostrativos

	この		その		あの	
	単数	複数	単数	複数	単数	複数
男性	este	estos	ese	esos	aquel	aquellos
女性	esta	estas	esa	esas	aquella	aquellas

Esta ciudad es bonita.　　　　　　　　Estas ciudades son bonitas.
¿Es ese restaurante caro?　　　　　　¿Son esos restaurantes caros?
Aquel edificio es nuevo.　　　　　　　Aquellos edificios son nuevos.

1) 指示代名詞「これ、それ、あれ」としても用いられます。： Esta es Sara, una compañera de clase.

2) 中性の指示代名詞 esto, eso, aquello：A: ¿Qué es esto?　B: Es un reloj.　//　Eso es muy importante.

ちょこ練 1　指示詞を適切な形にして、和訳しましょう。Completa con los demostrativos adecuados.

1) A: ¿Quién es（この　　　　　）niña?　　　B: Es la hija de Luis.
2) （あれらの　　　　　　　　）casas son muy bonitas, ¿verdad?
3) A: ¿Es（その　　　　　）novela interesante?　　B: Sí, es muy interesante.
4) （この　　　　　）zapatos son caros, pero（それ　　　　　）son baratos.
5) （こちら　　　　　）es mi primo, Antonio.
6) A: ¿Qué es（あれ　　　　　）?　　　B: Es una iglesia.

2 動詞 estar　直説法現在　El presente de indicativo — Verbo estar

	単数		複数	
1人称	yo	**estoy**	nosotros /-as	**estamos**
2人称	tú	**estás**	vosotros /-as	**estáis**
3人称	él, ella, Ud.	**está**	ellos, ellas, Uds.	**están**

1) 特定の人や物の所在を表します。
　　Los niños están en el parque.　　　　Nosotros estamos en casa.
　　El hotel está cerca del aeropuerto.
　　　　　　　　　　　　　　　　　　　　　　☆ de + el ⇒ del
　　A: ¿Dónde estás?　　　　　　　　　　B: Estoy en la universidad.

2) estar ＋形容詞：主語の一時的な状態を表します。
　　A: ¿Estáis ocupados este fin de semana?　B: No, no estamos ocupados.
　　A: ¿Cómo estás?　　　　　　　　　　　B: Estoy muy cansado.
・「estar ＋副詞」の表現もあります。A: ¿Cómo estás?　B: Estoy muy bien, gracias.　　☆ bien は副詞

ちょこ練 2　動詞 estar を正しい形にして入れ、和訳しましょう。Completa con la forma adecuada del verbo estar.

1) Nuestra universidad ＿＿＿＿＿ cerca de la estación.
2) ¿Dónde ＿＿＿＿＿ vosotros?
3) Los libros ＿＿＿＿＿ encima de la mesa.
4) Esta tarde yo ＿＿＿＿＿ muy ocupado.
5) A: ¿Cómo ＿＿＿＿＿ tu abuela?　　　B: ＿＿＿＿＿ muy bien, gracias.

3 hay   El verbo *haber* 🎧1-34

動詞 **haber** の特殊な形で、不特定の人や物の存在を表します。
Hay muchos bares en esta plaza.　　Allí hay una librería grande.　　Hay unos niños en el parque.

- 「定冠詞＋名詞」や「所有形容詞＋名詞」のように、特定された人や物の所在は動詞 **estar** を用いて表します。

hay	estar
un / una / unos / unas ＋名詞 dos / tres / diez, ... ＋名詞 mucho / mucha / muchos / muchas ＋名詞 冠詞のつかない名詞	el / la / los / las ＋名詞 mi / tu / su, ... ＋名詞 este / ese / aquel, ... ＋名詞 yo / tú / usted, ... 固有名詞
Hay un diccionario en la mesa. Hay muchos estudiantes en la clase. No hay leche en la nevera.	Mi diccionario está en la mesa. Los estudiantes están en la clase. Carmen está en la biblioteca.

ちょこ練 3
hay または動詞 estar を正しい形にして入れ、和訳しましょう。Completa con la forma adecuada del verbo *haber* o *estar*.

1) Mi padre _____ en Madrid.
2) Ahí _____ una cafetería.
3) ¿_____ una farmacia por aquí?
4) ¿_____ en casa tus padres?
5) La catedral _____ lejos de aquí.
6) En esta ciudad _____ dos universidades.

4 ser＋形容詞、estar＋形容詞   *Ser / estar* + adjetivo 🎧1-35

1) ser ＋形容詞：主語の永続的な性質・特徴・性格などを表します。
   La casa de mi abuelo es grande.　　Tu hermana es muy simpática.

2) estar ＋形容詞：主語の一時的な状態を表します。
   Su hija está enferma.　　Esta sopa está muy caliente.　　Estoy resfriado.

   - ser と estar のどちらを使うかにより、意味の変わる形容詞もあります。
     ser nervioso − estar nervioso　　ser alegre − estar alegre

ちょこ練 4
動詞 ser または estar を正しい形にして入れ、和訳しましょう。Completa con la forma adecuada del verbo *ser* o *estar*.

1) Mi habitación _____ pequeña.
2) Estas películas _____ muy interesantes.
3) ¿_____ (tú) ocupado esta tarde?
4) Tus hermanas _____ muy simpáticas.
5) Madrid _____ en el centro de España.
6) ¿Dónde _____ (vosotros) ahora?

5 tener＋名詞の表現   *Tener* + sustantivo 🎧1-36

tener calor / frío / hambre / sed / sueño / prisa
　Los niños tienen mucha hambre.
　A: ¿Tienes calor?　　B: No, tengo un poco de frío.

ちょこ練 5
動詞 estar または tener を正しい形にして入れ、和訳しましょう。Completa con la forma adecuada del verbo *estar* o *tener*.

1) Nosotros _____ mucha sed.
2) Yo no _____ mucha hambre.
3) ¿_____ enfermo su hijo?
4) ¿_____ (vosotros) sueño?
5) Mañana Pablo _____ examen. _____ muy preocupado.

UN POCO MÁS

Unidad 5

1 hay または動詞 estar を正しい形にして入れ、答えを結び付け、和訳しましょう。Completa con la forma adecuada del verbo *haber* o *estar* y relaciona.

1) ¿Dónde (　　　) el hotel?　　　　　　　　　a. Están muy bien.
2) ¿Qué (　　　) en tu habitación?　　　　　　b. Estamos en la parada de autobús.
3) ¿Cómo (　　　) tus abuelos?　　　　　　　 c. Está a la derecha de la estación.
4) ¿Cuántos estudiantes (　　　) en esta clase?　d. Hay treinta.
5) ¿Dónde (　　　) vosotros?　　　　　　　　 e. Hay una cama, una mesa y una silla.

2 hay または動詞 ser, estar, tener を正しい形にして入れ、和訳しましょう。Completa con la forma adecuada del verbo *haber, ser, estar* o *tener*.

1) Nosotros (　　　) mucha hambre.　　　　　2) Tu casa (　　　) muy grande.
3) Mi hermana (　　　) quince años.　　　　　4) ¿(　　　) una estación de metro por aquí?
5) La casa de mi tío (　　　) lejos de la estación.　6) En esta universidad (　　　) tres cafeterías.
7) Tu amiga (　　　) simpática.　　　　　　　8) Madrid (　　　) en el centro de España.
9) Madrid (　　　) la capital de España.　　　10) El restaurante (　　　) al lado del hotel.

☆ a+el ⇒ al

3 単数形の主語は複数形に、複数形の主語は単数形にして、全文を書き換え、和訳しましょう。Sigue el modelo.

例：Esta casa es grande.　　　　→ *Estas casas son grandes.*

1) Este chico es chileno. →
2) Aquellas casas son muy bonitas. →
3) Esos coches son alemanes. →
4) ¿Aquel chico es tu hermano? →
5) Estas niñas están resfriadas. →

4 1か所だけ間違いを探して、正しく書き直しましょう。Busca el error.

1) Esto es mi hermano, Juan.　　　　　　　2) En la clase están veinte mesas y veinte sillas.
3) Ese niños son muy alegres.　　　　　　　4) Mi hermano es catorce años.
5) Aquellas edificios son muy altos.

5 スペイン語に訳しましょう。Traduce al español.

1) 「君はどこにいるの？」「家にいるよ。」

2) 「この近くに駅はありますか？」「はい、ひとつあります。」

3) 「君はお腹がすいてるの？」「うん、とてもお腹がすいているよ。」

4) 「これは何ですか？」「携帯 (un móvil) です。」

DIÁLOGOS

(en la universidad)

Diana: Paolo, ¿dónde vives ahora?

Paolo: Vivo aquí, en Sevilla, en un barrio cerca del centro de la ciudad. Es un barrio tranquilo y antiguo. Hay muchas casas de dos o tres pisos, hay una estación de tren y cerca de la estación hay dos hoteles; el hotel Meliá está a la derecha y el Princesa está a la izquierda. Enfrente de la estación está el polideportivo. También hay una librería, una farmacia y un restaurante. A veces como allí.

Diana: ¿Hay cerca un parque?

Paolo: Sí, hay un parque y está detrás de la estación. A veces paseo allí.

Diana: ¿Vives cerca de la estación?

Paolo: No, vivo un poco lejos, pero cerca de mi casa hay una parada de autobús. También hay una escuela pública, una biblioteca y un supermercado. Allí compro la fruta y la verdura. En mi barrio no hay cine, ni museo, ni universidad.

Alex: Hola, Mary, ¿qué tal estás?

Mary: Estoy mal, muy ocupada y cansada. También tengo sueño y mucha hambre. Además, mañana tengo examen de español y no tengo tiempo para estudiar. Estoy muy preocupada.

Alex: ¡Ánimo Mary! ¡Tú eres muy inteligente y hablas muy bien el español!

Nota: ánimo がんばって

Práctica で使用する表現

町や地区にあるもの（La ciudad）				
barrio	ciudad	casa de dos o tres pisos	estación de tren	polideportivo
librería	farmacia	parque	parada de autobús	cine
escuela pública	biblioteca	supermercado	museo	universidad

ser + 形容詞				
(ser)	tranquilo	ruidoso	antiguo	moderno

estar + 形容詞				estar + 副詞
(estar)	cansado ocupado enfermo preocupado resfriado			(estar) bien/mal

tener + 名詞				
(tener)	frío	calor sueño hambre sed		

場所の表現（Las expresiones de lugar）				
cerca de…	en el centro de…	en las afueras de…		
a la derecha de…	a la izquierda de…	entre	enfrente de…/en frente de…	
detrás de…	delante de…	encima de…	debajo de…	al lado de…

PRÁCTICA

Unidad 5

1 Usa las palabras del recuadro y haz como en el modelo. 枠内の語句を用いて、質問に答えましょう。

| estación de tren | polideportivo | librería | farmacia | parque | restaurante |
| parada de autobús | biblioteca | supermercado | universidad |

例: A: ¿Dónde compra tu madre la fruta?   B: *Compra la fruta en el supermercado.*

1) ¿Dónde lees libros?
2) ¿Dónde comes el menú del día?
3) ¿Dónde estudias tú español?
4) ¿Dónde tomáis tu familia y tú el tren?
5) ¿Dónde compran ellos medicinas?
6) ¿Dónde tomáis el autobús?
7) ¿Dónde compras libros?
8) ¿Por dónde pasean ellos?
9) ¿Dónde hacéis deporte?

2 Mira las imágenes. Usa las expresiones de lugar del recuadro y contesta a las preguntas.
絵を見ながら枠内の場所の表現を用いて、答えを完成させましょう。

| en | cerca de... | en el centro de ... | a la derecha de ... | a la izquierda de... |
| detrás de... | delante de... | encima de.... | debajo de... | entre |

例: ¿Dónde está el profesor?

Está *entre* los estudiantes.

1) ¿Dónde está el libro?

Está _____ la mesa.

2) ¿Dónde está el profesor?

Está _____ la pizarra.

3) ¿Dónde está la botella?

Está _____ la mochila.

4) ¿Dónde está el estudiante?

Está _____ la pizarra.

5) ¿Dónde está el profesor?

Está _____ la pizarra.

6) ¿Dónde está el diccionario?

Está _____ la mesa.

7) ¿Dónde está el profesor?

Está _____ el estudiante.

3 Usa en las preguntas y en las respuestas el verbo más adecuado; SER, ESTAR o TENER.
動詞 ser, estar, tener のいずれかを正しい形にして入れましょう。

例：¿Cómo *es* él?　　1) ¿Cómo _____ Diana?　　2) ¿_____ frío la abuela?　　3) ¿Cómo _____ Alex y Mary?

Él *es* un poco gordo y alto.　　Ella _____ cansada y _____ sueño.　　Sí, _____ frío.　　___ alegres, pero ahora _____ preocupados.

4) ¿_____ sed ellas?　　5) ¿Cómo _____ Marcelo?　　6) ¿_____ hambre Luis?　　7) ¿__ calor los niños?

Sí, _____ sed.　　_____ enfermo y _____ fiebre.　　Sí, _____ hambre.　　Sí, _____ mucho calor.

4 Escribe sobre tu barrio o ciudad como en el modelo. 🎧 1-38
次の文章を読んだあと、あなたの住む町について書きましょう。

> 　　Vivo en un barrio en las afueras de la ciudad. Es un barrio tranquilo y moderno. Hay muchos pisos, hay una estación de tren y cerca de la estación hay muchos hoteles. Enfrente de la estación hay un polideportivo. También hay una librería, una farmacia y un restaurante. A veces como allí el menú del día. Detrás de la estación hay un parque. Una vez a la semana paseo.
> 　　Vivo un poco lejos de la estación, pero cerca de mi casa hay una parada de autobús. También hay una escuela pública, una biblioteca y un supermercado. Allí a veces compro la fruta y la verdura. En mi barrio no hay cine, ni museo, ni universidad.

5 Contesta a las siguientes preguntas sobre tu vida real o imaginaria.　質問に自由に答えましょう。

1) ¿Dónde vives, en el centro o en las afueras de la ciudad?
2) ¿Tu barrio es bonito o feo?
3) ¿Vives cerca de la estación?
4) ¿Hay una parada de autobús cerca de tu casa?
5) ¿Hay una biblioteca en tu barrio? ¿Estudias o lees libros allí?
6) ¿Cómo estás tú hoy, bien o mal?
7) ¿Tienes sueño ahora?
8) ¿Tienes hambre?

GRAMÁTICA Y EJERCICIOS

Unidad 6

1 動詞 ir, ver, hacer, poner, salir   Los verbos: *ir, ver, hacer, poner, salir*   1-39

	ir	ver	hacer	poner	salir
	（行く）	（見る、会う）	（する、作る）	（置く）	（出る、出かける）
yo	**voy**	**veo**	ha**go**	pon**go**	sal**go**
tú	vas	ves	haces	pones	sales
él, ella, usted	va	ve	hace	pone	sale
nosotros / -as	vamos	vemos	hacemos	ponemos	salimos
vosotros / -as	vais	veis	hacéis	ponéis	salís
ellos, ellas, ustedes	van	ven	hacen	ponen	salen

A: ¿Vas a la universidad en metro?   B: No, voy en autobús.
A: ¿Veis la televisión?   B: Sí, todos los días vemos la televisión.
A veces veo a Carmen en la cafetería.
A: ¿Qué haces después de clase?   B: Hago los deberes en la biblioteca.
A: ¿Dónde pongo tu maleta?   B: Aquí, por favor.
A: ¿Con qué frecuencia sales con los amigos?   B: Salgo una vez a la semana.

- 「ir de ＋名詞」の表現： ir de compras, ir de excursión, ir de viaje
  Esta tarde voy de compras con mi hermana.

> **ちょこ練 1** 動詞 ir, ver, hacer, poner, salir のいずれかを正しい形にして入れ、和訳しましょう。Completa con la forma adecuada del verbo *ir, ver, hacer, poner* o *salir*.
>
> 1) ¿Qué programas _____ (tú) en la televisión?
> 2) A: ¿Qué día de la semana _____ (vosotros) deporte?   B: _____ deporte los sábados.
> 3) Todas las mañanas yo _____ de casa muy temprano.
> 4) A: ¿_____ usted leche en el café?   B: Sí, gracias.
> 5) A: ¿A dónde _____ (vosotros) ?   B: _____ al cine.

2 ir a ＋不定詞、tener que ＋不定詞   Ir a + infinitivo, tener que + infinitivo   1-40

1) **ir a** ＋不定詞
   「〜するつもりだ」   Mañana voy a visitar a mis abuelos.
   「〜しましょう！」   ¡Vamos a comer juntos!
   「〜しましょうか？」   ¿Vamos a cenar en aquel restaurante?

2) **tener que** ＋不定詞
   「〜しなければならない」   Esta noche tengo que estudiar para el examen.

> **ちょこ練 2** 動詞 ir または tener のいずれかを正しい形にして入れ、和訳しましょう。Completa con la forma adecuada del verbo *ir* o *tener*.
>
> 1) Pablo _____ una bicicleta nueva.
> 2) El sábado los estudiantes _____ de excursión a la montaña.
> 3) Nosotros _____ que hablar con el profesor.
> 4) A: ¿_____ (tú) a tomar un taxi?   B: No, _____ a ir en autobús.

3　時刻の表現　La hora

1) 動詞 ser を用いて、「〜時」を表す数に女性定冠詞をつけます。
   A: ¿Qué hora es?　　　　　　　　　　B: Es la una. // Son las dos. // Son las tres.

2) 「〜時〜分」を表すときには、「〜分」を表す数の前に y を置きます。「15分」は **cuarto**、「30分」は **media** を用います。
   Es la una y diez. // Son las cinco y cuarto. // Son las seis y media.

3) 30分を過ぎると **menos** を用いて「〜時〜分前」と表現します。
   Son las nueve menos cinco. // Es la una menos cuarto.

4) 「〜時に」を表現するには、前置詞 **a** を用います。
   A: ¿A qué hora sales de casa?　　　　B: Salgo de casa a las siete y media.

ちょこ練 3　動詞 ser を用いて、次の時刻をスペイン語で書きましょう。Escribe la hora en español.
1) 4:20 _____　　2) 10:30 _____
3) 11:55 _____　　4) 12:45 _____

ちょこ練 4　指示された時刻を答えましょう。Contesta a las preguntas.
1) ¿A qué hora llegas a la universidad? (8:50)　2) ¿A qué hora comes? (12:30)
3) ¿A qué hora cenas? (7:00)　4) ¿A qué hora termina el examen? (10:40)

4　日付の表現　Los días de la semana y los meses

lunes	martes	miércoles	jueves	viernes	sábado	domingo

A: ¿Qué día es hoy?　　　　　　　　B: Hoy es viernes.
A: ¿Qué vas a hacer el domingo?　　B: Voy a salir con mis amigos.
Los martes tengo clase de Historia de España.

enero	febrero	marzo	abril	mayo	junio
julio	agosto	septiembre	octubre	noviembre	diciembre

A: ¿A cuántos estamos hoy?　B: Estamos a 17 de julio. // Mi cumpleaños es el 30 de marzo.

5　疑問詞 (2)　Los interrogativos (2)

qué + 名詞　A: ¿Qué lenguas hablas?　　　　　　　B: Hablo inglés y español.
cuál, cuáles　A: ¿Cuál es la capital de Colombia?　B: Es Bogotá.
　　　　　　　　A: ¿Cuáles son tus gafas de sol?　　B: Son estas.
por qué　　　A: ¿Por qué no comes?　　　　　　　B: Porque no tengo hambre.

ちょこ練 5　疑問詞 qué, dónde, quién, cómo, cuándo, cuánto, cuál, por qué のいずれかを必要であれば適切な形にして入れ、質問を完成させましょう。Completa con la partícula interrogativa adecuada.

1) A: ¿De _____ eres?　　　　　　　　B: Soy de Sevilla.
2) A: ¿De _____ es este paraguas?　　B: Es de mi madre.
3) A: ¿_____ está vuestro profesor?　　B: Está muy ocupado.
4) A: ¿_____ son aquellos chicos?　　　B: Son mis compañeros de clase.
5) A: ¿_____ vais a visitar el museo?　B: Vamos a visitar el domingo.
6) A: ¿De _____ color es tu coche?　　B: Es blanco.
7) A: ¿_____ no vas a la fiesta?　　　　B: Porque estoy muy ocupado.
8) A: ¿_____ es tu dirección?　　　　　B: Es calle Goya, número 14.
9) A: ¿_____ años tiene tu hermano?　B: Tiene once años.

UN POCO MÁS

Unidad 6

1 （　）内の不定詞を正しい形にして入れ、答えを結び付け、和訳しましょう。Completa con la forma adecuada del presente de los verbos y relaciona.

1) ¿Dónde (poner, yo) _____ tu café?　　　　　a. Porque vivo muy lejos de la universidad.
2) ¿Por qué (salir, tú) _____ de casa temprano?　b. Vamos a ir al cine.
3) ¿(Tener, tú) _____ tiempo libre?　　　　　　c. Sí, los domingos practico el tenis.
4) ¿Qué (ir, vosotros) ____ a hacer después de comer?　d. Aquí, por favor.
5) ¿(Hacer) _____ usted deporte?　　　　　　　e. No, hoy tengo que trabajar.

2 動詞 ser を用いて、次の時刻をスペイン語で書きましょう。Escribe la hora en español.

1) 2:15　　　2) 4:50　　　3) 1:30

4) 11:20　　 5) 6:45　　　6) 12:10

3 文を完成させ、和訳しましょう。Relaciona.

1) Hago　　　　　　a) a mi amigo esta tarde.
2) Vamos　　　　　 b) la radio.
3) Veo　　　　　　 c) de casa a las cinco de la mañana.
4) Pongo　　　　　 d) los deberes.
5) Mi padre sale　　　e) a esperar a la profesora aquí.

4 1か所だけ間違いを探して、正しく書き直しましょう。Busca el error.

1) ¿Cuál son tus zapatos?　　　　2) Salgo de la universidad las cinco.
3) Es la uno.　　　　　　　　　 4) ¿Vas a sales con tus amigos?
5) ¿Cuál programas ves normalmente en la televisión?

5 スペイン語に訳しましょう。Traduce al español.

1) 「明日、君はどこへ行くつもりですか？」「私の友人に会いに行くつもりです。」

2) 「君は夕食の後、何をするの？」「宿題をします。」

3) 「今何時ですか？」「3時半です。」

4) 「君は何時に家を出ますか？」「7時に家を出ます。」

DIÁLOGOS

(en la universidad)

Paolo: Diana, ¿qué haces durante la semana?

Diana: Pues mira, de lunes a viernes tomo el metro y asisto a clase en la universidad. Los lunes, miércoles y viernes tengo clase de español. Los martes tengo clase de Historia de España y los jueves estudio en la biblioteca.

Paolo: ¿Trabajas?

Diana: Sí, trabajo dos días a la semana: los martes y jueves. Los viernes practico el tenis con mis amigas en las canchas de tenis de la universidad.

Paolo: ¿No ves la tele?

Diana: Veo la tele muy poco. Además casi nunca salgo de copas con los amigos.

(en la cafetería)

Alex: ¿Por qué no vamos al cine este fin de semana?

Mary: Lo siento, Alex. El lunes tengo un examen de español muy difícil y tengo que estudiar. ¿Por qué no vamos el próximo viernes y después cenamos en un restaurante español?

Alex: Sí, es una buena idea.

Práctica で使用する表現

頻度の表現（Expresiones de frecuencia）					
todos los días	todas las semanas	todos los meses	todos los años	una vez	al día
a menudo	normalmente	a veces	casi nunca	nunca	dos veces	a la semana
					al mes
					al año

日常の活動（Expresiones de la vida ordinaria）
comer/ cenar fuera de casa   salir con los amigos   hacer deporte   ir de compras   salir de copas
ir al cine   ver la tele   limpiar la habitación   trabajar   visitar a los abuelos
ir a conciertos de música

tener que + 不定詞
(tener que)   trabajar   estudiar   visitar a los abuelos   ir al médico

交通手段（Medios de transporte）
(en)   coche   autobús   tren   metro   bicicleta   a pie

時刻の限定（Partes del día）
de la mañana   de la tarde   de la noche

PRÁCTICA

1 (Alumno B 36ページ) **Practica con tu compañero como en el modelo.**
例にならってどのくらいの頻度でおこなうのか、ペアで質問しあいましょう。

例：Alumno A: ¿Con qué frecuencia *ve Luis la televisión*? Alumno B: *Casi nunca ve la televisión.*

Alumno A

	Luis	Sara y Jaime	yo	mi compañero
ver la tele		a menudo		
salir con los amigos	a veces			
trabajar		3 veces a la semana		
comer fuera	todos los sábados			
hacer deporte		los lunes y viernes		
ir al cine		todos los sábados		
ir de compras	2 o 3 veces al mes			

2 (Alumno B 36ページ) **Pregunta la hora a tu compañero como en el modelo.**
例にならって時刻をペアで質問しあいましょう。

例：Alumno A: Por favor, ¿qué hora es?　　　　Alumno B: *Son las diez y cuarto.*

Alumno A　1) ....　2) 7:30　3) ....　4) 9:00　5) ....
　　　　　　　6) 10:35　7) ....　8) 18:50　9) ....　10) 23:35

3 **Haz un diálogo nuevo con tu compañero como en el modelo.**
次の例を参考に、「Práctica で使用する表現」（34ページ）を使って、ペアで新しい会話を作りましょう。

例：A: ¿Por qué no vamos al cine este fin de semana?
　　B: Lo siento. El lunes tengo un examen de español muy difícil y tengo que estudiar este fin de semana.
　　　　¿Por qué no vamos el próximo viernes y después cenamos en un restaurante español?
　　A: Sí, es una buena idea.

4 **Lee este texto y escribe uno como este diciendo lo que haces durante la semana.** 1-45
次の文章を読んだあと、あなたのことについて書きましょう。

　　Normalmente salgo de casa a las 7:30. Tomo el tren y el autobús para ir a la universidad. A veces voy en bicicleta. De lunes a viernes estudio en la universidad, de 9 de la mañana a 4:30 de la tarde. Después de las clases, los lunes, miércoles y jueves trabajo en una academia, ceno fuera y llego a casa un poco tarde. Los martes practico tenis, llego a casa a las 7 de la tarde y ceno con mi familia. Los viernes, a menudo, salgo con los amigos, pero a veces, en casa, escucho música o veo la tele.
　　Los sábados, a menudo, voy de compras con mis amigos. Una vez al mes, mis amigos y yo vamos al cine. Los domingos estoy en casa todo el día, hago los deberes y estudio un poco. Por la tarde salgo con la familia a cenar fuera.

1 (Alumno A 35ページ) Practica con tu compañero como en el modelo.
例にならってどのくらいの頻度でおこなうのか、ペアで質問しあいましょう。

例：Alumno A: ¿Con qué frecuencia *ve Luis la televisión?*　　Alumno B: *Casi nunca ve la televisión.*

Alumno B

	Luis	Sara y Jaime	yo	mi compañero
ver la tele	casi nunca			
salir con los amigos		los fines de semana		
trabajar	2 veces a la semana			
comer fuera		una vez a la semana		
hacer deporte	los fines de semana			
ir al cine	a veces			
ir de compras		una vez al mes		

2 (Alumno A 35ページ) Pregunta la hora a tu compañero como en el modelo.
例にならって時刻をペアで質問しあいましょう。

例：Alumno A: Por favor, ¿qué hora es?　　Alumno B: *Son las diez y cuarto.*

Alumno B　1) 10:15　2) ....　3) 8:25　4) ....　5) 15:55
　　　　　6) ....　7) 11:10　8) ....　9) 21:00　10) ....

5 Contesta a las siguientes preguntas.　質問に自由に答えましょう。

1) ¿De qué día a qué día vas a la universidad? ....
2) ¿Cuándo ves la tele? ....
3) ¿Qué haces los fines de semana? ....
4) ¿Haces deporte? ....
5) ¿Qué tienes que hacer este fin de semana? ....
6) ¿Cuándo sales con los amigos? ....
7) ¿Con qué frecuencia vas al cine? ....
8) ¿Qué hora es ahora? ....
9) ¿A qué hora sales de casa todos los días? ....
10) ¿Cómo vas a la universidad? ....
11) ¿Cómo vas al trabajo? ....
12) ¿A qué hora llegas a casa los viernes? ....
13) ¿A qué hora termina la clase de español? ....
14) ¿Por qué no vamos a cenar en un restaurante español después de clase? ....

🔍 見てみよう —Cultura

Camino de Santiago

Catedral de Santiago de Compostela

Peregrino

Mapa de las rutas

GRAMÁTICA Y EJERCICIOS

Unidad 7

1 語幹母音変化動詞　Los verbos irregulares con cambio vocálico 1-46

e → ie 型

empezar	
（始まる）	
empiezo	empezamos
empiezas	empezáis
empieza	empiezan

o → ue 型

volver	
（戻る）	
vuelvo	volvemos
vuelves	volvéis
vuelve	vuelven

e → i 型

pedir	
（頼む）	
pido	pedimos
pides	pedís
pide	piden

ちょこ練 1　次の動詞の活用形を書きましょう。Conjuga los siguientes verbos.

1) cerrar　(e → ie)　　2) poder　(o → ue)　　3) repetir　(e → i)

1) e → ie 型の動詞：cerrar, empezar, entender, pensar, perder, preferir, querer
   A: ¿A qué hora empieza la película?　　　B: Empieza a las siete y media.
   A: ¿Qué prefiere usted, un café o un té?　B: Un café, por favor.
   Quiero una bicicleta nueva.　　Las tiendas cierran a las ocho de la noche.

2) o → ue 型の動詞：costar, dormir, llover, poder, recordar, volver
   A: ¿Cuántas horas duermes normalmente?　　B: Duermo siete horas.
   Mi hermano vuelve a casa muy tarde.

- jugar:　juego, juegas, juega, jugamos, jugáis, juegan
   Andrés juega al fútbol dos veces a la semana.

3) e → i 型の動詞：pedir, repetir, seguir, servir
   A: ¿Qué pides?　　B: Yo pido una ensalada mixta.
   La profesora repite la frase tres veces.

- querer / poder / pensar ＋不定詞
  querer ＋不定詞「〜したい」　Quiero jugar al tenis.
  　　　　　　　　　　　　　　¿Quieres tomar un café?（誘い）
  poder ＋不定詞「〜できる」　Hoy no puedo asistir a la clase porque estoy resfriada.
  　　　　　　　　　　　　　　¿Puedo abrir la ventana?（許可）
  　　　　　　　　　　　　　　A: ¿Puedes poner la televisión?（依頼）　B: Sí, claro.
  pensar ＋不定詞「〜しようと考えている」　A: ¿Qué piensas hacer el domingo?
  　　　　　　　　　　　　　　　　　　　　B: Pienso visitar a mis abuelos.

ちょこ練 2　（　）内の不定詞を直説法現在の正しい形にし、和訳しましょう。さらに［　］の主語に変えましょう。Conjuga correctamente los verbos.

1) ¿A qué hora (empezar) ＿＿＿＿＿＿ las clases?　　　　　　　　［el concierto］
2) ¿Cuántas horas (dormir, tú) ＿＿＿＿＿＿ normalmente?　　　　［vosotros］
3) En este restaurante siempre (pedir, nosotros) ＿＿＿＿＿＿ paella.　［ellos］
4) ¿(Querer) ＿＿＿＿＿＿ usted un café?　　　　　　　　　　　　［tú］
5) Mi hijo (jugar) ＿＿＿＿＿＿ al tenis todos los domingos.　　　　［nosotros］
6) ¿(Poder, tú) ＿＿＿＿＿＿ abrir la ventana?　　　　　　　　　　［usted］

2　天候表現　El tiempo 🎧1-47

1) hacer を用いた天候表現：3 人称単数で表されます。
   A: ¿Qué tiempo hace hoy?
   B: Hace calor. // Hace mucho frío. // Hace sol. Hace un poco de viento. // Hace buen tiempo. Hace muy mal tiempo.
   ☆形容詞 bueno, malo は男性単数名詞の前で buen, mal になります。

2) その他の天候表現：llover (o → ue)　　nevar (e → ie)
   En Japón llueve mucho en junio.　En esta región nieva mucho en invierno.

> **ちょこ練 3**　[ ] 内には名詞か形容詞を、下線部には動詞を入れて、文を完成させましょう。Completa las frases con el verbo, el sustantivo y el adjetivo adecuados.
>
> 1) 北部はとても寒く雪が降ります。　　En el norte hace mucho [　　　] y ＿＿＿＿＿.
> 2) 南部は暑くたくさん雨が降ります。　En el sur hace [　　　] y ＿＿＿＿＿ mucho.
> 3) 今日は晴れていますが、風が強いです。　Hoy hace [　　　], pero hace mucho [　　　].
> 4) 今日は天気が悪いが、明日は良い天気でしょう。
>   Hoy hace [　　　][　　　], pero mañana va a hacer [　　　][　　　].

3　直接目的格人称代名詞　Los pronombres personales en función de complemento directo 🎧1-48

		単数		複数	
1人称		me　私を		nos　私たちを	
2人称		te　君を		os　君たちを	
3人称	男性	lo　彼を、あなたを、それを		los　彼らを、あなた方を、それらを	
	女性	la　彼女を、あなたを、それを		las　彼女たちを、あなた方を、それらを	

☆スペインでは、3 人称が「人（男性）」の場合、lo/los の代わりに le/les を用いることがあります。

1) 活用している動詞の前に置きます。
   A: ¿Me esperas en la cafetería?　　B: Sí, te espero allí.
   A: ¿Quién prepara la comida?　　　B: La prepara mi tía.

2) 不定詞が用いられる表現では、目的格人称代名詞を不定詞の後ろにつけることもできます。
   Quiero leer esta novela. → La quiero leer. = Quiero leerla.
   A: ¿Vas a comprar este ordenador?　　B: Sí, lo voy a comprar. = Sí, voy a comprarlo.

・中性の lo「そのことを」：文全体や抽象的な事柄を指すときに用います。
   A: ¿Recuerdas cuándo es su cumpleaños?　　B: No, no lo recuerdo.

> **ちょこ練 4**　下線部を直接目的格人称代名詞に置き換えましょう。Sustituye las palabras subrayadas por el pronombre adecuado.
>
> 1) ¿Ves <u>las noticias</u> todos los días?　→ ＿＿＿＿＿
> 2) Mis hijos estudian <u>inglés</u> en una academia.　→ ＿＿＿＿＿
> 3) Abro <u>la puerta</u> con esta llave.　→ ＿＿＿＿＿
> 4) Los viernes practico <u>el tenis</u> con mis amigos.　→ ＿＿＿＿＿

> **ちょこ練 5**　例にならって二通りの答えを作りましょう。Contesta usando el pronombre.
>
> 例：¿Quieres leer este libro? － *Sí, lo quiero leer. / Sí, quiero leerlo.*
>
> 1) ¿Quiere usted ver esta película? － Sí, ＿＿＿＿＿ / ＿＿＿＿＿ .
> 2) ¿Con quién vais a visitar el museo? － ＿＿＿＿＿ / ＿＿＿＿＿ con nuestra profesora.
> 3) ¿Tienes que esperar a Manuela? － Sí, ＿＿＿＿＿ / ＿＿＿＿＿ .
> 4) ¿Puedes ayudarme? － Sí, ＿＿＿＿＿ / ＿＿＿＿＿ con mucho gusto.

UN POCO MÁS

Unidad 7

1 例にならって（ ）内の主語に合わせて動詞を正しい形にし、さらに主語を複数にして活用しましょう。Conjuga correctamente los verbos.

例: entender → (yo) **entiendo** / (nosotros) **entendemos**

1) volver → (ella) _____ / _____
2) pedir → (tú) _____ / _____
3) preferir → (él) _____ / _____
4) pensar → (yo) _____ / _____
5) dormir → (yo) _____ / _____
6) repetir → (tú) _____ / _____
7) cerrar → (yo) _____ / _____
8) jugar → (usted) _____ / _____

2 例にならって（ ）内の不定詞を直説法現在の正しい形にし、さらに直接目的格人称代名詞を使って、文を書き換えましょう。Completa con la forma adecuada del presente de los verbos y escribe la frase usando el pronombre.

例: Yo (esperar) **espero** a mis amigos. → Yo los espero.

1) Nosotros (ayudar) _____ a nuestra tía. → _____
2) Yo (hacer) _____ los deberes en la biblioteca. → _____
3) ¿(Ver, tú) _____ la televisión por la mañana? → _____
4) Ellos (cerrar) _____ la tienda los domingos. → _____
5) ¿Ustedes (entender) _____ español? → _____

3 [ ]には適切な直接目的格人称代名詞を、下線部には適切な動詞を入れて、答えを完成させ、和訳しましょう。Completa con la forma adecuada del presente de los verbos y el pronombre.

1) A: ¿Dónde me esperáis? B: [ ] _____ en aquel bar.
2) A: ¿Quién os ayuda? B: [ ] _____ Diana.
3) A: ¿Cuándo haces deporte? B: [ ] _____ los sábados.
4) A: ¿Veis la televisión en casa? B: Sí, [ ] _____ todos los días.
5) A: ¿Quieres tomar un poco de tortilla? B: Sí, [ ] _____ tomar.

4 1か所だけ間違いを探して、正しく書き直しましょう。Busca el error.

1) ¿Esperas me aquí?
2) Mi padre vuelvo a casa muy tarde.
3) Pienso a viajar por Europa.
4) ¿Puedes duermes bien estos días?
5) A: ¿Lees esta novela? B: Sí, lo leo.

5 スペイン語に訳しましょう。Traduce al español.

1) 「君はそれらの本を買いたいの？」「はい、（それらを）買いたいんだ。」

2) 「君のお母さんは何時に家に帰ってくるの？」「6時に帰ってくるよ。」

3) 「今日はどんな天気ですか？」「とても暑いです。」

4) 「今日は寒いね。窓を閉めてくれる？」「はい、もちろん。」

DIÁLOGOS

1-49

(en la cafetería)

Paolo: Cristina, ¿quieres ir a la fiesta en casa de Alex?

Cristina: Sí, pero ¿cuándo es?

Paolo: El próximo sábado, a las 7 de la tarde.

Cristina: Vale, ¿dónde quedamos?

Paolo: En la salida A2 del metro de la Plaza Callao, a las 6:30. ¿Está bien?

Cristina: ¡Sí, perfecto! Hasta el sábado.

(en la fiesta)

Alex: Hola, Paolo. Gracias por venir a la fiesta.

Paolo: ¡Hola, Alex! Gracias por tu invitación. Mira, esta es Cristina, una compañera de la universidad.

Cristina: Hola, Alex. Encantada de conocerte.

Alex: Mucho gusto, Cristina. ¿Quieres un poco de paella?

Cristina: No, primero prefiero tomar un poco de jamón.

Alex: Sí, aquí lo tienes.

Cristina: Ah, gracias. ¡Qué bueno está!

(en la fiesta)

Alex: El próximo verano pienso ir a Mallorca.

Cristina: Ah, yo también quiero ir. Podemos ir juntos. ¿Qué tal?

Alex: Fenomenal.

Práctica で使用する表現

日常の活動 （Expresiones de la vida ordinaria）			
ir a una fiesta	ir a la playa	ver una película	ver un partido de fútbol / béisbol
cenar fuera	ir a un concierto	ver un musical	ver una exposición de pintura
abrir la ventana	cerrar la puerta	encender la luz	ir al servicio

月名 （Los meses）					
enero	febrero	marzo	abril	mayo	junio
julio	agosto	septiembre	octubre	noviembre	diciembre

文をつなぐ表現 （Conectores）				
por eso	además	primero	después	por último

天候表現 （El tiempo）					
hace frío	hace calor	hace sol	hace buen tiempo	hace mal tiempo	hace viento
llueve (← llover)	nieva (← nevar)		hay humedad	está despejado	

季節 （Estaciones）			
primavera	verano	otoño	invierno

食べ物・飲み物 （Comida y bebida）					
paella	tortilla	jamón	queso	pastel	
agua	vino	sangría	cerveza	café	té

PRÁCTICA

Unidad 7

1 Mira el recuadro y las imágenes y usa las expresiones adecuadas como en el modelo.
枠内の表現を使って、誘ってみましょう。

| ir a una fiesta | ver un partido de fútbol | ver una exposición de pintura | ir a un concierto |

例: (querer, tú)　　1) (querer, usted)　　2) (querer, vosotros)　　3) (querer, ustedes)

¿Quieres ir a una fiesta?

2 Pide permiso como en el modelo. 「Práctica で使用する表現」(40 ページ)を使って許可を求めましょう。

例: ¿Puedo abrir la ventana?　　1)　　2)　　3)

3 Mira las imágenes y contesta a la pregunta. 次の写真を見ながら、時刻を答えましょう。

1) ¿A qué hora empieza el partido de fútbol?
2) ¿A qué hora empieza la clase?
3) ¿A qué hora termina la película?

4 Mira las imágenes y contesta a la pregunta. 次の絵を見ながら、質問に答えましょう。

例: ¿Qué piensan hacer ellas este verano?　　1) ¿Qué piensas hacer este sábado?　　2) ¿Qué piensa hacer él este verano?　　3) ¿Qué pensáis hacer vosotros en vacaciones?

Ellas piensan ir a la playa.

5 Lee el diálogo del recuadro y luego tu compañero y tú haced uno nuevo. 🎧 1-50
次の会話を参考にして、ペアで自由に会話を作りましょう。

Luis: David, ¿quieres ver el sábado la exposición de Picasso del Reina Sofía?
David: No, es muy aburrido. Yo prefiero hacer deporte.
Luis: Vale. Entonces hacemos deporte y después comemos juntos.
David: Sí, muy bien. ¿Dónde quedamos?
Luis: En la estación Retiro, salida A3, a las 9 de la mañana. ¿Está bien?
David: Perfecto. Hasta el sábado.

Vuestro diálogo:

6 Lee esta composición. 次の文章を読みましょう。 🎧 1-51

> Normalmente estoy muy ocupado durante toda la semana. Tengo clases de lunes a viernes. Además trabajo en un café los martes, jueves y sábados. Los domingos estoy en casa tranquilamente, pero a veces tengo que estudiar para preparar los exámenes de inglés o español. Por eso en las vacaciones pienso viajar al extranjero y conocer lugares nuevos. Pienso visitar Europa: Francia, Italia y España.
>
> Primero, en París quiero visitar el museo de Louvre y subir a la torre Eiffel, en Roma quiero ver el Coliseo y visitar el Vaticano. Después quiero ir a España y en Barcelona quiero ver la Sagrada Familia. En Ibiza quiero disfrutar de la naturaleza, ir a la discoteca y nadar en el mar. En Madrid quiero ir a muchos bares y comer muchas tapas. Por último quiero ver un partido de fútbol en el Santiago Bernabeu. Pienso pasarlo muy bien.

Ahora escribe lo que piensas y quieres hacer en las vacaciones. あなたが休暇にしたいことを書きましょう。

....
....
....
....

7 Practica con tu compañero. Uno ofrece comida y el otro responde con una de las opciones del modelo.
例にならってペアで、枠内の食べ物や飲み物を勧めたり答えたりしてみましょう。

| tortilla | jamón | queso | ensalada | carne | pescado | tarta |
| agua | refresco | sangría | cerveza | café | té | vino tinto/blanco |

例: A: ¿Quieres *un poco de tortilla*?　　B: Gracias... Humm ¡Está muy *buena*!
　　　　　　　　　　　　　　　　　　　B: Sí, pero solo un poco.
　　　　　　　　　　　　　　　　　　　B: No, gracias. Es que ya no puedo comer más.

8 Mira el modelo y pregunta el cumpleaños de todas las personas que salen en el recuadro. Después viceversa.
例にならって、枠内の人物の誕生日をペアで質問しあいましょう。

Diana: 25/12	Paolo: 20/9	Alex: 15/4	Mary: 7/11
Maite: 29/3	Juan: 28/1	Cristina: 23/5	Luis: 16/10
Alicia: 30/8	David: 22/7	Moe: 17/6	Masato: 13/2
Tu cumpleaños:			

例: A: ¿Cuándo es el cumpleaños de *Diana*?　　B: Es *el 25 de diciembre*.

9 Contesta a las siguientes preguntas. 質問に自由に答えましょう。
1) ¿Quieres visitar España en el futuro?　　2) ¿Quieres estudiar en el extranjero?
3) ¿Qué piensas hacer el próximo verano?
4) ¿Qué prefieres, viajar en coche o viajar en tren? ¿Por qué?
5) ¿Qué prefieres, tener las clases por la mañana o tener las clases por la tarde? ¿Por qué?
6) ¿Entiendes italiano?　　　　　　　　　　7) ¿A qué hora empieza la clase de español?
8) ¿A qué hora vuelves a casa?　　　　　　　9) ¿Juegas al tenis?
10) ¿Cuántas horas duermes al día?

GRAMÁTICA Y EJERCICIOS

1 動詞 oír, venir, saber, conocer Los verbos: *oír, venir, saber, conocer* 🎧1-52

oír (聞く、聞こえる)	
oigo	oímos
oyes	oís
oye	oyen

venir (来る)	
vengo	venimos
vienes	venís
viene	vienen

saber (知っている)	
sé	sabemos
sabes	sabéis
sabe	saben

conocer (知っている)	
conozco	conocemos
conoces	conocéis
conoce	conocen

Mi abuelo oye la radio todas las mañanas.
A: ¿Cómo vienes a la universidad?　　B: Vengo en metro.

- saber と conocer
  saber （知識・情報として）知っている
  　A: ¿Sabes el teléfono de Felipe?　　B: No, no lo sé.
  conocer （体験として）知っている
  　No conocemos Granada.
  　A: ¿Conoces a la hermana de Isabel?　　B: Sí, la conozco bien.

- saber / poder ＋不定詞
  saber ＋不定詞「〜することができる（能力がある）」
  　A: ¿Sabes nadar?　　B: Sí, sé nadar, pero hoy no puedo porque estoy resfriado.
  poder ＋不定詞「〜することができる（可能である）」
  　No puedo salir esta noche, porque estoy muy ocupado.

> **ちょこ練 ①**　（　）内の不定詞を直説法現在の正しい形にし、和訳しましょう。さらに［　］の主語に変えましょう。Completa con la forma adecuada del presente de los verbos.
>
> 1) A veces mi padre (oír) ＿＿＿＿＿ la radio.　　［yo］
> 2) ¿(Saber, tú) ＿＿＿＿＿ dónde vive Miguel?　　［vosotros］
> 3) Yo (conocer) ＿＿＿＿＿ a su hermano.　　［nosotros］
> 4) ¿A qué hora (venir) ＿＿＿＿＿ tus amigos?　　［el profesor］

2 間接目的格人称代名詞 Los pronombres personales en función de complemento indirecto 🎧1-53

	単数	複数
1人称	me 私に	nos 私たちに
2人称	te 君に	os 君たちに
3人称	le 彼に、彼女に、あなたに	les 彼らに、彼女たちに、あなた方に

1) 活用している動詞の前に置きます。
   Carmen nos enseña español.　　¿Me prestas el diccionario?
   Le escribo una carta al profesor.

2) 「間接目的格」と「直接目的格」をともに用いる場合は、「間接」＋「直接」の順になります。
   Carmen nos enseña español. → Carmen nos lo enseña.

3) 「間接目的格」と「直接目的格」がともに3人称の場合は、「間接」の **le/les** は **se** にかわります。
   Le escribo una carta al profesor. → Se la escribo.

4) 不定詞が用いられる表現では、目的格人称代名詞を不定詞の後ろにつけることもできます。その場合、不定詞のアクセントの位置が移動しないように、必要であればアクセント符号をつけます。
   Te quiero enseñar estas fotos. = Quiero enseñarte estas fotos.
   → Te las quiero enseñar. = Quiero enseñártelas.
   A: ¿Le vas a regalar flores a tu novia? = ¿Vas a regalarle flores a tu novia?
   B: Sí, se las voy a regalar. = Sí, voy a regalárselas.

ちょこ練 2
[ ]に適切な目的格人称代名詞を入れて、答えを完成させましょう。Contesta usando el pronombre.

1) A: ¿Qué plato nos recomienda usted?　　B: [　　] recomiendo la paella.
2) A: ¿Me prestas el bolígrafo?　　B: Sí, [　　] [　　] presto.
3) A: ¿Quién os enseña la gramática?　　B: [　　] [　　] enseña el profesor García.
4) A: ¿Me mandas un mensaje mañana?　　B: Sí, mañana [　　] [　　] mando.

ちょこ練 3
[ ]と下線部に適切な目的格人称代名詞を入れ、和訳しましょう。さらに、二重線の名詞句を直接目的格人称代名詞に変えて、二通りの文を作りましょう。Sigue el modelo.

例：Voy a mandar*le* este paquete a Laura. = [*Le*] voy a mandar este paquete a Laura.
　→ *Voy a mandárselo.* = *Se lo voy a mandar.*

1) ¿Puedes enseñar＿＿＿ tu habitación?（私たちに）= ¿[　　] puedes enseñar tu habitación?
　→
2) No puedo prestar＿＿＿ mi bicicleta.（君に）= No [　　] puedo prestar mi bicicleta.
　→
3) Pienso regalar＿＿＿ estas entradas a mis amigos. = [　　] pienso regalar estas entradas a mis amigos.
　→

3　動詞 dar, decir, traer　Los verbos: *dar, decir, traer*　🎧 1-54

dar	
（与える）	
doy	damos
das	dais
da	dan

decir	
（言う）	
d**igo**	decimos
dices	decís
dice	dicen

traer	
（持ってくる、連れてくる）	
tra**igo**	traemos
traes	traéis
trae	traen

A: ¿Me das la llave de la oficina?　　B: Sí, te la doy. Aquí la tienes.
A veces damos un paseo por el parque.
Jorge dice que quiere venir a Japón.　　☆ que は接続詞
A: ¿Me trae usted un café, por favor?　　B: Sí, ahora mismo.

ちょこ練 4
（ ）内の不定詞を直説法現在の正しい形にし、和訳しましょう。さらに [ ]の主語に変えましょう。Completa con la forma adecuada del presente de los verbos.

1) Andrés me (decir) ＿＿＿＿＿ que María está enferma.　　[ellos]
2) ¿Me (dar, tú) ＿＿＿＿＿ el dinero para ir al cine?　　[vosotros]
3) Los domingos yo (dar) ＿＿＿＿＿ un paseo por este parque.　　[nosotros]
4) ¿Nos (traer) ＿＿＿＿＿ usted un vaso de agua?　　[tú]

UN POCO MÁS

Unidad 8

1 枠内から適切な動詞を選び、直説法現在の正しい形にし文を完成させ、和訳しましょう。 Completa con un verbo del recuadro en la forma adecuada del presente.

> oír   venir   saber   conocer   poder

1) Yo (   ) nadar, pero hoy no (   ) porque tengo fiebre.
2) Yo no (   ) bien esta ciudad porque no soy de aquí.
3) A: ¿De dónde (, tú)?   B: (   ) del trabajo.
4) No te (, yo) bien. ¿(   ) hablar más alto?   más alto もっと大きな声で
5) ¿(, tú) a la hermana de Emilia?

2 [ ] と下線部に適切な間接目的格人称代名詞を入れ、和訳しましょう。 Completa con el pronombre.

1) ¿[   ] puedes prestar tu bicicleta? = ¿Puedes prestar___ tu bicicleta?（私に）
2) La profesora García [   ] enseña español.（私たちに）
3) ¿[   ] enseñáis estas fotos?（私に）
4) [   ] voy a regalar una corbata a Juan para su cumpleaños.
   = Voy a regalar___ una corbata a Juan para su cumpleaños.
5) Antonia [   ] manda unos regalos a sus nietas.
6) ¿[   ] compro un refresco?（君に）

3 ( ) 内の不定詞を直説法現在の正しい形にして入れ、答えを結び付け、和訳しましょう。 Completa con la forma adecuada del presente de los verbos y relaciona.

1) ¿Me (traer, usted) _____ un poco de pan, por favor?   a. Sí, aquí las tienes.
2) ¿Le (decir, tú) _____ a tu amiga tus secretos?   b. No, voy a comer cerca de la oficina.
3) ¿Me (dar, tú) _____ las llaves?   c. Sí, ahora mismo.
4) ¿Me (oír, tú) _____ bien?   d. Sí, siempre se los digo.
5) ¿(Venir, tú) _____ a casa a comer hoy?   e. No. ¿Puedes hablar más alto?

4 1か所だけ間違いを探して、正しく書き直しましょう。 Busca el error.

1) No sé a tu madre.
2) Se enseño a tocar el piano a mi nieta.
3) Antonio las regala flores a su novia a menudo.
4) A: ¿Me prestas el bolígrafo? B: Sí, te le presto.
5) A: ¿Conoces quién es aquella chica?   B: No, no lo sé.

5 スペイン語に訳しましょう。 Traduce al español.

1) 「君は私の姉を知っていますか？」「はい、彼女を知っています。」

2) 「君は彼がどこの出身だか知ってる？」「いいえ、（そのことを）知りません。」

3) 「Carmen は誰にスペイン語を教えているの？」「Yuka と Naomi に（それを）教えているよ。」

4) 「私に水を一杯 (un vaso de agua) 持って来てくれますか？」「はい、今すぐに。」

DIÁLOGOS

1-55

(en la tienda)

Paolo:	Esta falda blanca es muy bonita. ¿De qué color la quieres?
Diana:	La quiero azul. Voy a preguntar. Oiga, señorita, ¿tiene esta falda en azul?
Dependienta:	Sí, ahora mismo se la traigo.
Diana:	Es preciosa. ¿Cuánto cuesta?
Dependienta:	95 euros.
Diana:	Es muy bonita, pero un poco cara. Voy a pensarlo. Gracias.
Dependienta:	A usted.

Nota: oiga すみません

(en la cafetería de la universidad)

Alex:	Mary, ¿conoces a mi amigo Juan?
Mary:	No, ¿por qué me lo preguntas?
Alex:	Es que él me invita a esquiar en Sierra Nevada, ¿quieres venir con nosotros?
Mary:	Sí, pero no sé esquiar.
Alex:	Juan sabe esquiar muy bien y él te puede enseñar.
Mary:	Sí, ... pero tampoco tengo esquíes.
Alex:	Diana los tiene. Ella te los puede prestar.
Mary:	Pues... ¡Qué bien! Entonces voy con vosotros.

Práctica で使用する表現

衣服 (Ropa)								
pantalones	camisa	vestido	chaqueta	abrigo	camiseta	jersey	traje	falda	bufanda

服飾小物 (Complementos)					
zapatos	guantes	cinto/cinturón	pañuelo	corbata	botas	bolso

色 (Colores)								
blanco	negro	azul	rojo	amarillo	verde	rosa	naranja	gris	marrón

saber + 不定詞					
(saber)	tocar el piano	tocar la guitarra	pintar	conducir	esquiar	nadar

見てみよう —Cultura

Galápagos

Las tortugas gigantes de las Galápagos

Piquero patiazul

PRÁCTICA

1 Mira las imágenes y contesta lo que saben hacer.
写真を見ながら、次の人物ができることを答えましょう。

Diana sabe   Paolo sabe   Masato sabe   Moe sabe

2 Escribe debajo de cada imagen el nombre de la prenda y el color como en el modelo.
例にならって、何色の服が欲しいのかを言いましょう。

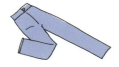   

例: Quiero unos pantalones azules.   1) ....   2) ....   3) ....

4) ....   5) ....   6) ....   7) ....

3 Preguntad el uno al otro por las preferencias del color de la ropa del ejercicio anterior.
練習2に出てきた衣服を使って、例にならって欲しい服とその色を、ペアで自由に質問しあいましょう。

例: A: ¿De qué color prefieres *los pantalones*?   B: *Los prefiero blancos*.

4 (Alumno B 48 ページ) Tienes mucha ropa y se la quieres vender a tu compañero. Escribe el precio y él te dirá si la quiere comprar o no.
あなたは衣服を売りたいと考えています。値段をつけて、買ってもらえるかどうか、例にならって質問しあいましょう。

Alumno A

Tú quieres vender あなたが売りたいもの	precio: 90 euros	precio:	precio:	precio:	precio:	precio:
Tu compañero te quiere vender 相手が売りたいもの	precio: 50 euros	precio:	precio:	precio:	precio:	precio:

例: Alumno A: ¿Quieres comprarme los *pantalones rojos*?
　　　Alumno B: ¿Cuánto *cuestan*?
　　　Alumno A: *90 euros*.
　　　Alumno B: No te *los* quiero comprar porque *son caros y además no son bonitos*.
　　　　　　/ Te *los* compro. *Son muy bonitos, además no son caros.*
　　　　　　/ No te *los* compro. *Son bonitos, pero un poco caros.*
　　　　　　/ No te *los* compro. *No son caros, pero no son bonitos.*

4 (Alumno A　47ページ) Tienes mucha ropa y se la quieres vender a tu compañero. Escribe el precio y él te dirá si la quiere comprar o no.
あなたは衣服を売りたいと考えています。値段をつけて、買ってもらえるかどうか、例にならって質問しあいましょう。

Alumno B

Tu compañero te quiere vender 相手が売りたいもの	precio: 90 euros	precio:	precio:	precio:	precio:	precio:
Tú quieres vender あなたが売りたいもの	precio: 50 euros	precio:	precio:	precio:	precio:	precio:

例： Alumno B： ¿Quieres comprarme *la chaqueta blanca*?
　　　Alumno A： ¿Cuánto *cuesta*?
　　　Alumno B： *50 euros.*
　　　Alumno A： No te *la* quiero comprar porque *es cara y además no es bonita.*
　　　　　　　　／ Te *la* compro. *Es muy bonita, además no es cara.*
　　　　　　　　／ No te *la* compro. *Es bonita, pero es un poco cara.*
　　　　　　　　／ No te *la* compro. *No es cara, pero no es bonita.*

5 Haz como en el modelo. 例にならって絵を見ながら、身に着けているものを説明しましょう。

例：Paolo

Paolo lleva una chaqueta negra, una camisa azul, una camiseta blanca, unos pantalones blancos, un cinto negro y unos zapatos marrones.

1) Diana　　　　　2) Masato

6 Mira el diálogo y pide prestado a tu compañero todas las cosas del recuadro. Tu compañero te responderá escogiendo una de las opciones del modelo.
例にならって、枠内の物が借りられるかどうか、ペアで質問しあいましょう。

| borrador | bolígrafo | gafas de sol | cámara | bicicleta |

例： A: ¿Me prestas *el borrador*?　　　B: Sí, te *lo* presto. Aquí *lo* tienes.
　　　　　　　　　　　　　　　　　　　／ No, lo siento. Es que *lo* necesito yo.

7 Contesta a las siguientes preguntas.　質問に自由に答えましょう。

1) ¿Cuál es tu color favorito?　　　　　　　　2) ¿Con qué frecuencia vas de compras?
3) ¿Qué prefieres, ir de compras solo/a o con los amigos?　　4) ¿Sabes tocar el piano?
5) ¿Sabes tocar la guitarra?　　　　　　　　6) ¿Conoces la ciudad de Madrid?
7) ¿Me prestas el diccionario?　　　　　　　　8) ¿Qué ropa llevas ahora?

GRAMÁTICA Y EJERCICIOS

1 再帰動詞 Los verbos reflexivos

再帰動詞とは、「自分自身」を意味する再帰代名詞（**me, te, se, nos, os, se**）を常に伴う動詞で、再帰代名詞は主語と同一の人・物を指します。

levantarse（起きる）			
yo	**me** levanto	nosotros/-as	**nos** levantamos
tú	**te** levantas	vosotros/-as	**os** levantáis
él, ella, Ud.	**se** levanta	ellos, ellas, Uds.	**se** levantan

La madre se levanta a las seis.

参考 La madre levanta a su hijo pequeño a las ocho.

 ちょこ練 **1**　次の再帰動詞の活用形を書きましょう。Conjuga los siguientes verbos.
　　1) acostarse （o → ue）　　2) ponerse　　3) vestirse (e → i)

1)「自分自身を〜する」：acostarse　bañarse　casarse　ducharse　levantarse　llamarse　sentarse　vestirse

　　A: ¿A qué hora te acuestas normalmente?　　B: Me acuesto a las doce.
　　A: ¿Os levantáis tarde los fines de semana?　　B: Sí, nos levantamos muy tarde.
　　A: ¿Cómo os llamáis?　　B: Me llamo Satomi y ella se llama Aya.
　　A: ¿Se baña usted por la noche?　　B: No, me ducho por la mañana.

2)「自分自身に〜を〜する」：ponerse　quitarse　lavarse
　　Me pongo los zapatos negros.　　¿Por qué no te quitas la chaqueta?
　　Nos lavamos las manos antes de comer.

ちょこ練 **2**　（　）内の再帰動詞を直説法現在の正しい形にし、和訳しましょう。さらに［　］の主語に変えましょう。Completa con la forma adecuada del presente de los verbos.

　　1) ¿Cómo (llamarse, tú) _____ ?　　　　　　　　　　　　　　［ustedes］
　　2) Mi hermana (ducharse) _____ por las mañanas.　　　　［yo］
　　3) Mi padre (sentarse) _____ siempre en la misma silla.　　［yo］
　　4) Mis abuelos (levantarse) _____ muy temprano.　　　　　［nosotros］
　　5) ¿A qué hora (acostarse, vosotros) _____ normalmente?　［tú］
　　6) Mi abuelo (bañarse) _____ con agua muy caliente.　　　［mis padres］

ちょこ練 **3**　（　）内の正しい方に○をつけ、和訳しましょう。Elige la forma correcta.
　　1) El padre (se acuesta / acuesta) a sus hijos todos los días.
　　2) Yo (me pongo / pongo) la chaqueta gris.
　　3) Nosotros (nos lavamos / lavamos) nuestro coche a veces.
　　4) La madre (se baña / baña) con su hija pequeña.

3) 再帰代名詞の位置：動詞が活用している場合にはその前に置かれます。不定詞がある場合は、その後ろにつけて一語とすることもできます。
　　Me voy a sentar al lado de la ventana. = Voy a sentarme al lado de la ventana.
　　Nos queremos casar el próximo año. = Queremos casarnos el próximo año.

> **ちょこ練 4** [ ]内には適切な再帰代名詞を、下線部には再帰動詞を正しい形にし入れ、和訳しましょう。Completa con la forma adecuada del verbo y del pronombre.
>
> 1) Hoy no [　　] puedo bañar. = Hoy no puedo _____ .
> 2) ¿[　　] podemos lavar las manos? = ¿Podemos _____ las manos?
> 3) ¿Por qué [　　] vais a levantar temprano mañana? = ¿Por qué vais a _____ temprano mañana?

2　再帰動詞　その他の用法　Usos de los verbos reflexivos 🎧2-2

1) 相互：「〜し合う」の意味を表します。主語は複数。
   En la oficina mi compañera y yo nos ayudamos mutuamente.　　¡Nos vemos mañana!

2) 強意・転意：**irse　　dormirse　　morirse**
   A: ¿Te vas?　　　　B: Sí, ya me voy.
   Me muero de hambre.　　En los viajes mis hijos se duermen en el coche.

3) 受身：主語は事物。
   ¿Se vende este piso?　　En Canadá se hablan francés e inglés.　　☆ i, hi から始まる語の前で y は e に変わります。

4) 無人称：「（一般に人は）〜する」3人称単数で用いられ、主語を特定しない表現。
   A: ¿Cómo se dice "isu" en español?　　　　B: Se dice "silla".
   A: ¿Cuánto tiempo se tarda de Japón a España en avión?　　B: Se tarda trece horas.

- 「3人称複数形を用いた無人称」もあります。　　Dicen que caminar es muy bueno para la salud.

> **ちょこ練 5** (　)内の再帰動詞を正しい形にし、和訳しましょう。さらに[ ]の主語に変えましょう。Completa con la forma adecuada del presente de los verbos.
>
> 1) Todas las noches yo (dormirse) _____ enseguida.　　[mi hijo]
> 2) José y Ana (quererse) _____ mucho.　　[nosotros]
> 3) Los niños (morirse) _____ de hambre.　　[yo]
> 4) ¿Ya (irse, tú) _____ ?　　[vosotros]
> 5) ¿Cuántas veces (verse) _____ vosotros a la semana?　　[ellos]
> 6) De aquí a Lima (tardarse) _____ tres horas en autobús.

3　義務の表現　La expresión de obligación 🎧2-3

1) **tener que** +不定詞「〜しなければならない」　**no tener que** +不定詞「〜しなくともよい、する必要はない」
   A: ¿Tienes que trabajar mañana sábado?　　B: No, los sábados no tengo que trabajar.

2) **hay que** +不定詞「（一般的に人は）〜しなければならない」：無人称表現
   Hay que respetar a las personas mayores.

3) **deber** +不定詞「〜すべきである」　　**no deber** +不定詞「〜すべきでない」
   Debes pensar mucho en tu salud.　　No debes beber demasiado.

> **ちょこ練 6** 動詞 tener, haber, deber のいずれかを正しい形にし、文を完成させ和訳しましょう。Completa con la forma adecuada del presente del verbo *tener*, *haber* o *deber*.
>
> 1) Para ir al extranjero, (　　　) que llevar el pasaporte.
> 2) Hoy yo (　　　) que cocinar porque mi madre está enferma.
> 3) Te veo muy mal. Tú (　　　) ir al médico.

UN POCO MÁS

Unidad 9

1 必要があれば（　）に適切な再帰代名詞を入れましょう。入れる必要がなければ×を書きましょう。　Completa con el pronombre reflexivo si es necesario.

1) La madre (　　　) pone el abrigo a su hija.
2) Carlos y yo (　　　) vemos una vez a la semana.
3) Isabel (　　　) sienta al niño en el sofá.
4) (　　　) tengo que levantar temprano mañana.
5) ¿ (　　　) bañas por la noche?

2 例にならって文を書き換えましょう。　Sigue el modelo.

例：Me levanto a las seis.　　→ Quiero *levantarme a las seis*.

1) Nos sentamos aquí.　　→ ¿Podemos .... ?
2) Te vistes rápidamente.　　→ Tienes que ....
3) Ellos se casan en abril.　　→ Ellos piensan ....
4) Me ducho después de desayunar.　　→ Voy a ....

3 枠内から動詞を選んで正しい形にし、文を完成させ和訳しましょう。　Completa con un verbo del recuadro en la forma adecuada del presente.

> dormirse, lavarse, levantarse, quitarse, tardarse

1) De aquí a la estación (　　　　　) veinte minutos.
2) Nosotros (　　　　　) los zapatos al entrar en casa.　☆ al + 不定詞：〜するときに
3) Rafael siempre (　　　　　) en el tren porque (　　　　　) muy temprano.
4) Tenéis que (　　　　　) los dientes después de comer.

4 1か所だけ間違いを探して、正しく書き直しましょう。　Busca el error.

1) ¿Qué haces tú antes de acostarse?
2) No debéis que beber demasiado.
3) ¿Te quieres lavar tus manos?
4) María se levanta a las siete y se desayuna un café con leche.
5) ¿Cuánto tiempo se tardan de Tokio a Osaka?

5 スペイン語に訳しましょう。　Traduce al español.

1) 「君の弟の名前は？」「Miguel といいます。」

2) 「(私たちは)どこに座ろうか？」「窓際(al lado de la ventana)に座りましょう。」

3) 「君は毎日何時に寝るの？」「1時に寝ます。」

4) 「駅から大学までどのくらいの時間がかかりますか？」「15分(minutos)かかります。」

DIÁLOGOS

(en el comedor de la universidad)

Moe: Hola, Marcos, te veo un poco cansado.

Marcos: Sí, es que todavía no me acostumbro a la vida de Madrid. Además vivo un poco lejos del centro y tengo que levantarme muy temprano.

Moe: ¿A qué hora te levantas?

Marcos: Normalmente me levanto a las 7. Me ducho y salgo de casa a las 7:30.

Moe: ¿Y no desayunas?

Marcos: Pues no. No tengo tiempo.

Moe: Yo desayuno un café con leche y una tostada con miel. Me maquillo y tomo el metro a las 8:30 porque a las 9 empiezan las clases, claro. Y tú, ¿cómo vienes a la universidad?

Marcos: Vengo en tren y en autobús. ¿Y tú qué haces por las tardes?

Moe: Normalmente tengo dos clases. Después, los jueves y viernes, trabajo en un restaurante japonés. Esos días vuelvo a casa muy tarde. Me ducho y me acuesto a la 1 de la madrugada.

(en la universidad)

Paolo: Hoy hace muy buen tiempo y da gusto pasear.

Maite: ¿Por qué no vamos mañana a Sierra Nevada?

Paolo: Sí, pero mañana va a llover y además dicen que va a hacer mucho frío.

Maite: ¡Qué lástima!, porque tenemos que hacer deporte.

Paolo: Sí, eso ya lo sé, pero para subir a la montaña necesitamos prepararnos antes. Por ejemplo: tenemos que caminar mucho y adelgazar unos kilos.

Maite: Ah..., claro. Eso ya es más difícil.

Práctica で使用する表現

生活習慣（Hábitos）

levantarse	acostarse	ducharse	maquillarse	bañarse

lavarse las manos / la cara / los dientes

日常の活動（Expresiones de la vida ordinaria）

salir de casa	ir a la universidad	ir al trabajo	empezar las clases	empezar el trabajo
desayunar	comer	cenar	volver a casa	ver la tele	estudiar	navegar por internet

PRÁCTICA

1 Mira las imágenes y haz como en el modelo.　絵を見ながら、例にならって文を作りましょう。

例: ella　　　　　ellos　　　　　yo　　　　　él　　　　　vosotras

Ella se lava las manos.　1) ....　2) ....　3) ....　4) ....

nosotros　　　las clases　　　él　　　　　ella　　　　　yo

5) ....　6) ....　7) ....　8) ....　9) ....

2 Aquí tienes la respuesta. Haz la pregunta.　例にならって、下線部を尋ねる質問文を作りましょう。

例: Me levanto **a las 6 de la mañana**.　　　　　¿*A qué hora te levantas tú*?
1) Yo desayuno **un café con leche y una tostada**.　¿ .... ?
2) Yo me ducho **por la mañana**.　　　　　　　¿ .... ?
3) No, **no me maquillo**.　　　　　　　　　　¿ .... ?
4) Salgo de casa **a las 8**.　　　　　　　　　　¿ .... ?
5) Las clases empiezan **a las 9**.　　　　　　　¿ .... ?
6) Como **en la universidad**.　　　　　　　　　¿ .... ?
7) Vuelvo a casa **a las 8 de la tarde**.　　　　　¿ .... ?
8) Ceno **con la familia**.　　　　　　　　　　　¿ .... ?
9) **Después de cenar** me baño.　　　　　　　　¿ .... ?
10) Después de bañarme **veo la tele o navego por internet**.　¿ .... ?
11) Me acuesto **a las 11**.　　　　　　　　　　¿ .... ?

3 (Alumno B　54 ページ) Practica con tu compañero. En el apartado "yo" escribe tus respuestas a las preguntas de tu compañero y en el apartado "mi compañero" escribe las respuestas de tu compañero.　練習 2 を参考に、例にならってペアで質問しあいましょう。

Alumno A

例: Alumno A: *¿A qué hora se levanta Diana?*　　　Alumno B: *Ella se levanta a las 7:30 de la mañana.*

	Diana	Masato	Moe	yo	mi compañero
levantarse		7 a.m.			
desayunar		no desayunar			
ducharse		no ducharse			
salir de casa		7:30 a.m.			
empezar las clases		9 a.m.			
comer		universidad	universidad		
volver a casa		8 p.m.	11 p.m.		
cenar		solo	compañeros de trabajo		
bañarse		antes de cenar	después de cenar		
después de bañarse		escuchar música	leer un libro		
acostarse		11 p.m.	1 de la madrugada		

3 (Alumno A 53ページ) Practica con tu compañero. En el apartado "yo" escribe tus respuestas a las preguntas de tu compañero y en el apartado "mi compañero" escribe las respuestas de tu compañero. 練習2を参考に、例にならってペアで質問しあいましょう。

Alumno B

例: Alumno A: ¿A qué hora se levanta Diana?   Alumno B: *Ella se levanta a las 7:30 de la mañana.*

	Diana	Masato	Moe	yo	mi compañero
levantarse	7:30 a.m.		8 a.m.		
desayunar	café con leche		arroz y sopa de miso		
ducharse	por la mañana		por la mañana		
salir de casa	8:15 a.m.		8:30 a.m.		
empezar las clases	10:45 a.m.		9 a.m.		
comer	un restaurante				
volver a casa	9 p.m.				
cenar	amigos				
bañarse	no bañarse				
después de bañarse	navegar por internet				
acostarse	12 p.m.				

4 Ahora escribe lo que haces tú normalmente como en el modelo. 🎧 2-5
次の文章を読んだあと、あなたの日常の生活を書きましょう。

> Me levanto a las 6 de la mañana. Primero desayuno un café con leche y unos churros, después me ducho y salgo de casa a las 7. Vengo a la universidad en tren y a pie. Las clases empiezan a las 9. Como en el comedor de la universidad con mis compañeros. Después de las clases a veces trabajo. Vuelvo a casa a las 8. Ceno con mi familia. Después de cenar me baño. Luego veo la tele, escucho música o hago los deberes. Por último me acuesto a las 11.

....
....
....

5 Mira el recuadro y haz frases como en el modelo.
例にならって、枠内の表現を使って、文章を完成させましょう。

| hacer calor   hacer frío   tener fiebre   tener hambre   tener sueño |
| hacer buen tiempo   salir a las 8 de la mañana   estar cansado |

例: Voy a acostarme pronto porque *tengo sueño*.

1) Voy a levantarme pronto porque el avión _____.
2) Voy a quitarme la chaqueta porque _____.
3) Voy a ponerme el abrigo porque _____.
4) Voy a ir al médico porque _____.
5) Voy a dar un paseo porque _____.
6) Voy a descansar un poco porque _____.
7) Voy a comprar un bocadillo porque _____.

GRAMÁTICA Y EJERCICIOS

Unidad 10

1　前置詞格人称代名詞　Los pronombres con preposición 🎧 2-6

	単数	複数
1人称	**mí**	nosotros (-as)
2人称	**ti**	vosotros (-as)
3人称	él, ella, usted	ellos, ellas, ustedes

前置詞の後ろに置かれる人称代名詞で、1人称単数、2人称単数以外は、主格人称代名詞と同じです。

A: Estas flores son para ti.　　　　B: ¿Para mí? Muchas gracias.
A: ¿A mí me lo dices?　　　　　　B: Sí, a ti te lo digo.

・con + mí は conmigo に、con + ti は contigo になります。

A: ¿Quieres cenar conmigo esta noche?　B: Vale, con mucho gusto.
A: Ahora voy a pasear.　　　　　　　B: ¿Puedo ir contigo?

> **ちょこ練 1**　[　]内には適切な人称代名詞を、下線部には前置詞と人称代名詞を入れて、文を完成させ和訳しましょう。Completa las frases con el pronombre preposicional.
>
> 1) A: ¿Quieres comer _____ ?（私と一緒に）　　B: Sí, sí.
> 2) A: Estos chocolates son para [　　]. (君に)　　B: ¿Para [　　]? Gracias.
> 3) A: A [　　] te traigo un regalo especial de España.　B: ¿Ah, sí? Gracias.
> 4) A: ¿Puedo hablar _____ ?（君と一緒に）　　B: Sí, claro.

2　動詞 gustar　El verbo *gustar* 🎧 2-7

gustar は「～に好まれる」という意味で、常に間接目的格人称代名詞を前置します。文法上の主語は gustar 動詞の後ろに置かれ、動詞は主語に合わせて活用されます。

	間接目的格人称代名詞	gustar	主語
(a **mí**)	me	gusta	el cine
(a **ti**)	te		jugar al fútbol
(a él, a ella, a Ud.)	le		cocinar y comer
(a nosotros)	nos	gustan	las fresas
(a vosotros)	os		los gatos
(a ellos, a ellas, a Uds.)	les		los deportes

Me gusta el café.
A: ¿Te gustan los perros?　　　　B: Sí, me gustan mucho los animales.
A mi hermano no le gusta hacer deporte.
A mi madre le gusta el té, pero a mí me gusta el café.
A: ¿A ti te gusta la comida mexicana?　　B: Sí, me gusta mucho la comida picante.
A: Me gusta mucho este programa, ¿y a ti?　B: A mí también. / A mí no.
A: No me gustan las hamburguesas, ¿y a ti?　B: A mí tampoco. / A mí sí.

> **ちょこ練 2**　[　]内には適切な代名詞を、下線部には動詞 gustar を正しい形にして入れ、文を完成させ和訳しましょう。Completa las frases con el pronombre y la forma adecuada del verbo *gustar*.
>
> 1) A: ¿A [　　] te _____ los bocadillos?　B: Sí, [　　] _____ .
> 2) A: ¿[　　] _____ la tortilla?　　　　B: Sí, nos _____ mucho.
> 3) A: ¿A tus abuelos [　　] _____ pasear por el parque?　B: No, no [　　] _____ mucho.
> 4) A: ¿A tu hija [　　] _____ los deportes?　B: Sí, [　　] _____ especialmente jugar al tenis.

3 gustar 型動詞　Otros verbos del grupo de *gustar*

gustar と同じように用いられる動詞：encantar, interesar, parecer, doler

Nos encanta el fútbol.
A: ¿Qué te interesa?　　　　　　　　B: Me interesa la cultura hispanoamericana.
A: ¿Qué te parece esa película española?　B: Me parece muy interesante.
A: ¿Qué te duele?　　　　　　　　　B: Me duele un poco la cabeza.

ちょこ練 3
[ ]内には適切な代名詞を、下線部には動詞を正しい形にして入れ、文を完成させ和訳しましょう。Completa las frases con el pronombre y la forma adecuada de los verbos.

1) A: ¿Os _____ (interesar) la cultura japonesa?　　B: Sí, [　] _____ especialmente el Kabuki.
2) A: ¿A tu hijo [　] _____ (doler) el estómago?　　B: Sí, [　] _____ mucho.
3) A: ¿A tus amigas [　] gustan los churros?　　　　B: Sí, [　] _____ (encantar).
4) A: ¿Qué te _____ (parecer) la historia mexicana?　B: [　] _____ muy interesante.

4 所有形容詞後置形　Los adjetivos posesivos

	単数	複数
1人称	mío	nuestro
2人称	tuyo	vuestro
3人称	suyo	suyo

ちょこ練 4
すでに学習した所有形容詞**前置形**を書き入れましょう。Completa la tabla.

	単数	複数
1人称	mi	
2人称		
3人称		

1) 名詞＋後置形：所有形容詞後置形は前の名詞の性・数に合わせます。
   Una amiga mía es peruana y trabaja conmigo.

2) ser ＋後置形：所有形容詞後置形は主語の性・数に合わせます。
   A: ¿Es tuya esta copa?　　　　　B: No, no es mía.
   A: ¿De quién son estos zapatos?　B: Son míos.

3) 定冠詞＋後置形＝所有代名詞
   A: ¿Este diccionario es tuyo?　　B: No, no es mío. El mío está ahí.
   A: Mi madre es de Hokkaido.　　B: ¿Ah, sí? La mía también.

ちょこ練 5
(　)内には適切な所有形容詞を、下線部には所有代名詞（定冠詞＋所有形容詞後置形）を正しい形にして入れ、文を完成させ和訳しましょう。Completa las frases con los adjetivos y los pronombres posesivos.

1) Muchos amigos (　　　) viven en el pueblo sin salir de allí toda la vida. （私の）
2) (　　　) maleta está aquí, pero _____ está allí. （君の、私の）
3) El domingo (　　　) padres y _____ van a comer juntos. （私の、君の）
4) (　　　) coche es pequeño, pero _____ es grande. （私たちの、君たちの）
5) (　　　) hermana y _____ trabajan en la misma compañía. （私の、彼の）

UN POCO MÁS

Unidad 10

1 質問文と同じ動詞を用いて、答えを完成させましょう。　Contesta.

1) A: ¿Qué te parece ver esta película?　　B: .... muy bien.
2) A: ¿A Sonia le gustan los animales?　　B: Sí, ... mucho.
3) A: ¿Qué te duele?　　B: .... los ojos.
4) A: ¿Os interesa la ópera?　　B: No, no .... mucho.

2 対話が成り立つように、枠内から適切な表現を選んで入れましょう。　Completa las frases.

> a mí sí,　a mí no,　a mí también,　a mí tampoco

1) A: A mí me gusta la música rock.　　B: (　　　　　) me gusta mucho.
2) A: No me gusta esta novela.　　B: Pues, (　　　　　). Me parece muy interesante.
3) A: No me gusta mucho la carne.　　B: (　　　　　). Prefiero el pescado.
4) A: Me gustan las películas de ciencia ficción.　　B: (　　　　　). No me gustan nada.

3 例にならって、所有形容詞後置形を用いて言い換えましょう。　Sigue el modelo.

例：mi libro → *el mío*

1) nuestra casa →
2) mi tía →
3) tus guantes →
4) vuestro coche →
5) las hijas de Antonio →
6) su moto →

4 1か所だけ間違いを探して、正しく書き直しましょう。　Busca el error.

1) Este lápiz no es de Ana. La suyo está ahí.
2) Un mío amigo vive en Chile.
3) A mis padres les gustan viajar.
4) Este regalo es para vuestro.
5) A Marta y a Elena las encanta la música.
6) A: ¿De quién habláis?　B: Hablamos de tú.

5 スペイン語に訳しましょう。　Traduce al español.

1) 「君は頭が痛いの？」「いや、胃が痛いんだ。」

2) 「君たちはテニスをするのが好きなの？」「そう、大好きなんだ。」

3) 「僕と一緒にコーヒーを一杯飲まない？」「ええ、よろこんで。」

4) 「Manuel は日本文化に興味があるの？」「はい、とても興味があります。」

DIÁLOGOS

(en la cafetería)

Paolo: ¿Te gusta vivir en las ciudades grandes?

Diana: No, no me gusta nada. Prefiero los pueblos pequeños, la tranquilidad, la naturaleza, etc...

Paolo: A mí los pueblos pequeños me parecen muy aburridos. Sin embargo, las ciudades grandes son muy convenientes y divertidas.

Diana: Pues a mí no me gustan nada las prisas y los trenes llenos de gente.

Paolo: A mí tampoco me gustan, pero ¡qué vas a hacer! Entonces, ¿qué te gusta de las ciudades grandes?

Diana: Me encantan los conciertos de música, los cines y las exposiciones de pinturas.

Paolo: Veo que te interesa mucho la cultura, pero a mí me parece muy aburrida. Yo prefiero ver un partido de fútbol o salir con los amigos.

Diana: Pienso que tenemos gustos diferentes.

(en el bar)

Paolo: No sé por qué, pero hoy me duele mucho la cabeza y también el estómago.

Maite: Creo que estás muy cansado y necesitas relajarte un poco. Yo te aconsejo ir a un spa y tomar unos baños termales. Esto te va a relajar mucho.

Paolo: Sí, creo que sí, pero es que me gusta mucho el vino y suelo beber una botella al día.

Maite: ¡Hombre!, entonces ya sé cuál es tu problema. Bebes demasiado. Debes beber menos.

Paolo: Sí, ya lo sé. De todos modos, gracias por tus consejos.

Práctica で使用する表現

gustar 型動詞の使い方（Gustar y otros del mismo grupo）				
me encanta/n	me gusta/n	no me gusta/n	no me gusta/n mucho	no me gusta/n nada
me interesa/n mucho	me interesa/n	no me interesa/n	no me interesa/n mucho	
no me interesa/n nada				

好きなこと・嫌いなこと（Gustos y aficiones）				
スポーツ（Deportes）	el fútbol	el béisbol	el baloncesto	
音楽（Música）	la música clásica	el heavy metal	la ópera	
動物（Animales）	los perros	los gatos		
食べ物（Comida）	la carne	el pescado	las verduras	los helados
映画（Películas）	las películas románticas	las películas de ciencia ficción/de aventura		
活動（Actividades）	viajar	trabajar por horas	beber vino	estudiar español

形容詞（Adjetivos）						
interesante	aburrido	divertido	conveniente	útil	necesario	estresante
difícil	fácil					

痛い体の部位（Expresiones de dolor）						
me duele/n	la cabeza	los ojos	el estómago	la garganta	los oídos	las muelas	los pies

PRÁCTICA

Unidad 10

1 Mira las imágenes y escribe debajo una de las expresiones del recuadro que creas más apropiada.

例にならって、枠内の表現を使って、次の人物の好みを答えましょう。

le encanta/n	le gusta/n		el fútbol	la carne	el pescado
no le gusta/n mucho	no le gusta/n nada		los helados	beber vino	
			los gatos	el heavy metal	viajar

例: Mary

A Mary le gusta mucho el pescado.

1) Paolo y Marcos

2) Alex

3) Diana

4) Masato

5) Moe

6) Luis

7) Cristina y su hijo

2 Practica en pareja y pregunta a tu compañero sobre sus gustos. Contesta con una de las expresiones del recuadro.

例にならって、枠内の表現を使って、ペアで好みを質問しあいましょう。

me encanta/n	me gusta/n	no me gusta/n	no me gusta/n mucho	no me gusta/n nada

la música clásica	las películas románticas	los deportes	el fútbol	la literatura de aventura
la comida coreana	la ópera	los perros	el campo	las ciudades grandes
viajar	estudiar español			

例: A: ¿Te *gusta estudiar español?*   B: *Sí, me encanta.*

3 Usa el recuadro del ejercicio 2 y pregunta a tu compañero. Contesta como en el modelo.

例にならって、練習2の表現を使って、ペアで好みを質問しあいましょう。

例: A: ***A mí me gusta el fútbol, ¿y a ti?***   B: ***A mí también*** *me gusta.*
B: ***No, a mí no*** *me gusta.*

A: ***A mí no*** *me gustan los perros, ¿y a ti?*   B: ***A mí tampoco*** *me gustan.*
B: ***Sí, a mí*** *me gustan.*

4 Pregunta a tu compañero su opinión usando el verbo "parecer" como en el modelo.
例にならって、枠内の表現と動詞 **parecer** を使って、ペアで質問しあいましょう。

| las ciudades grandes | las películas de ciencia ficción | el béisbol | el inglés | el móvil |
| trabajar por horas | el libro de texto | los deportes | viajar | |

| interesante | aburrido | divertido | conveniente | útil |
| necesario | estresante | difícil | fácil | emocionante |

例：A: ¿Qué te *parecen las ciudades grandes*?
　　B: Me *parecen muy convenientes, pero un poco estresantes*.

5 Pregunta a tu compañero su interés por algo usando el verbo "interesar" como en el modelo.
例にならって、枠内の表現と動詞 **interesar** を使って、ペアで質問しあいましょう。

| la cultura hispanoamericana | el flamenco | la historia de Europa | la cultura japonesa |
| la política | los deportes | la pintura | la moda |

me interesa/n mucho　　me interesa/n　　no me interesa/n
no me interesa/n mucho　　no me interesa/n nada

例：A: ¿Te *interesa la cultura hispanoamericana*?　　B: Sí, *me interesa mucho*.

6 Usa el verbo "doler" y pregunta a tu compañero como en el modelo.
例にならって、枠内の表現と動詞 **doler** を使って、ペアで質問しあいましょう。

| la cabeza | los ojos | el estómago | la garganta | los oídos | las muelas | los pies |

a menudo　　a veces　　casi nunca　　nunca

例：A: ¿Con qué frecuencia te *duele la cabeza*?　　B: *A veces me duele*.

7 Contesta a las siguientes preguntas. 質問に自由に答えましょう。

1) A mí no me gusta el heavy metal, ¿y a ti?
2) A mí me interesan mucho las lenguas, ¿y a ti?
3) A mí no me gustan los gatos, ¿y a ti?
4) A mí me encanta cantar y bailar, ¿y a ti?
5) A mí me duelen los ojos a menudo, ¿y a ti?
6) ¿Qué fruta no te gusta nada?
7) ¿Qué comida te gusta mucho?
8) ¿Qué comida no te gusta?
9) ¿Qué te gusta hacer con tus amigos?
10) ¿Qué te parece Tokio?

GRAMÁTICA Y EJERCICIOS

Unidad 11

1 比較級　La comparación

1) 比較級

| 優等比較：más + 形容詞・副詞 + que |
| 劣等比較：menos + 形容詞・副詞 + que |
| 同等比較：tan + 形容詞・副詞 + como |

Mi hermana es más alta que yo.
Estas gafas son menos caras que esas.
Yo me levanto tan temprano como mi madre.

2) 不規則な比較級

bueno / bien → mejor	malo / mal → peor
grande → mayor	pequeño → menor
mucho → más	poco → menos

Carmen canta mejor que yo.
Este ordenador es peor que ese.
Yo leo más libros que tú.
Yo estudio menos que mis amigos.
Yo tengo dos hermanos mayores y dos hermanas menores.

- mayor、menor は「年上の」、「年下の」の意味で用いられます。具体的に物の大小を示す場合には、規則形を用います。　Tu casa es más grande que la mía.　　Yo soy mayor que tú.

- tan+mucho ⇒ tanto　　Nosotros trabajamos tanto como Emilio.
　　　　　　　　　　　Mi amiga María tiene tantos bolsos como mi hermana mayor.

ちょこ練 1　（　）内に適切な語を一語入れましょう。Completa las frases.
1) このメガネはそのメガネより高価ではない。　Estas gafas son (　　　) caras (　　　) esas.
2) 君のスーツケースは私のと同じくらい大きい。　Tu maleta es (　　　) grande (　　　) la mía.
3) 私には彼女と同じくらい多くの友人がいます。　Tengo (　　　) amigos (　　　) ella.
4) 私は私のいとこより年上です。　Yo soy (　　　) (　　　) mi primo.
5) 妹は私よりテニスが上手です。　Mi hermana (　　　) juega al tenis (　　　) (　　　) yo.
6) 明日は今日と同じくらい寒いでしょう。　Mañana va a hacer (　　　) frío (　　　) hoy.

2 最上級　El superlativo

| 定冠詞（+ 名詞）+ más + 形容詞（+ de～） |

Esta película es la más interesante de este año.
Estas gafas son las más bonitas de las tres.
Juana es la chica más inteligente de la clase.

- 不規則な比較級も定冠詞を用いると最上級になります。
　Este restaurante es el mejor de esa ciudad.　　Ana es la mayor de sus hermanas.

ちょこ練 2　（　）内の語句を用いて最上級の文を作り、和訳しましょう。Sigue el modelo.
例：Este libro es interesante. (de los cuatro)　→ *Este libro es el más interesante de los cuatro.*
1) Estos zapatos son caros. (de la tienda)　→ _____
2) Este hotel es bueno. (de la ciudad)　→ _____
3) Ana es alta. (de mi clase)　→ _____
4) El Museo del Prado es famoso. (de España)　→ _____

3 不定語・否定語　Los pronombres indefinidos 🎧 2-13

不定語			否定語		
algo	代名詞	何か	nada	代名詞	何も〜ない
alguien	代名詞	誰か	nadie	代名詞	誰も〜ない
alguno, -a, -os, -as	形容詞（代名詞）	いくつかの、何人かの	ninguno, -a	形容詞（代名詞）	1つの…も〜ない

1) algo, nada
   A: ¿Tienes algo para beber?　　B: No, no tengo nada.
   A: ¿Te gustan los pimientos?　　B: No, no me gustan nada.　　☆ algo, nada は副詞としても使えます。

2) alguien, nadie
   A: ¿Hay alguien en tu casa?　　B: No, ahora no hay nadie.

3) alguno, ninguno：名詞の性・数に合わせて語尾が変化します。男性単数名詞の前では **algún, ningún** になります。
   A: ¿Tienes alguna novela española?　　B: Sí, tengo algunas. (= algunas novelas)
   A: ¿Hay alguna estación de metro por aquí?　　B: No, no hay ninguna. (= ninguna estación)
   A: ¿Alguna de tus compañeras va a venir a la fiesta?
   　　　　　　　　　　　　　　　　B: No, no va a venir ninguna. (= ninguna compañera)
   A: ¿Conoces algún lugar turístico de esta ciudad?
   　　　　　　　　　　　　　　　　B: No, no conozco ninguno. (= ningún lugar)

> ✏️ **ちょこ練 3** 日本語に合うように、適切な不定語・否定語を入れましょう。Completa con los adjetivos o pronombres indefinidos.
>
> 1) 「誰かこの家に住んでるの？」「いいえ、誰も住んでいません。」
>   A: ¿Vive (　　　　) en esta casa?　　　　B: No, no vive (　　　　).
> 2) 「何か質問ありますか？」「いいえ、何もありません。」
>   A: ¿Tienes (　　　　) pregunta?　　　　B: No, no tengo (　　　　).
> 3) 「何か食べたいですか？」「いいえ、何も食べたくありません。」
>   A: ¿Quieres comer (　　　　)?　　　　B: No, no quiero comer (　　　　).
> 4) 「何かスポーツをしていますか？」「いいえ、何もしていません。」
>   A: ¿Practicas (　　　　) deporte?　　　　B: No, no practico (　　　　).

4 感嘆文　La frase exclamativa 🎧 2-14

1) ¡qué + 名詞 / 形容詞 / 副詞（+ 動詞 + 主語）!
   ¡Qué calor tengo!　　¡Qué amable es la profesora!　　¡Qué bien tocas la guitarra!

2) ¡qué + 名詞 + más（/ tan）+ 形容詞（+ 動詞 + 主語）!
   ¡Qué chica tan simpática es Ana!　　¡Qué película más interesante!

3) ¡cuánto + 動詞!
   ¡Cuánto me alegro!　　¡Cuánto trabajas!

> ✏️ **ちょこ練 4** (　　)内に適切な語を一語入れましょう。Completa con la partícula exclamativa adecuada.
>
> 1) 何て寒いのでしょう！　　　　　　　　¡(　　　　) frío hace!
> 2) 何て難しい本なのでしょう！　　　　　¡(　　　　) libro (　　　　) difícil!
> 3) 何てたくさん雨が降るのでしょう！　　¡(　　　　) llueve!
> 4) 何て高い車なのでしょう！　　　　　　¡(　　　　) coche (　　　　) caro!

UN POCO MÁS

Unidad 11

1 枠内から適切な語を選んで、文を完成させ和訳しましょう。　Completa las frases.

> mejor, menos, tan, tanto, tanta, tantos, tantas

1) En primavera llueve (　　　　) como en otoño.
2) Este vino es (　　　　) caro como ese.
3) Mi hermano come (　　　　) que yo.
4) Ellos hablan (　　　　) lenguas como vosotros.
5) Este hotel es el (　　　　) de la ciudad.

2 比較級を用いて、文を完成させ和訳しましょう。　Haz frases comparativas.

1) Maite 1,66 m, Ana 1,60 m　　→ Maite es (　　　) (　　　) que Ana.
2) yo 18 años, mi amigo 19 años　→ Yo soy (　　　) (　　　) mi amigo.
3) nosotros 8 horas, vosotros 6 horas → Trabajamos (　　　) (　　　) vosotros.
4) tú 11:30, Pepe 12:30　　→ Te acuestas (　　　) temprano (　　　) Pepe.

3 例にならって文を書き換えましょう。　Sigue el modelo.

例：María es muy guapa.　　→ *¡Qué guapa es María!*

1) Hoy hace mucho calor.　→ ....
2) Tu amigo es muy simpático.　→ ....
3) Nieva mucho.　→ ....
4) Paula es una chica muy amable.　→ ....

4 正しい不定語・否定語を選びましょう。　Elige la palabra correcta.

1) ¿Esta tarde vas a ver a (algo / alguien / nadie)?
2) ¿Conoces (alguno / alguna / algún) restaurante bueno por aquí?
3) No hay (ningún / nada / nadie) en la nevera.
4) ¿No va a venir (ningún / nada / nadie) profesor a la fiesta?

5 1か所だけ間違いを探して、正しく書き直しましょう。　Busca el error.

1) Tengo tan vacaciones como vosotros.　　2) Esta novela es más interesante de este año.
3) ¿Lee usted algo revista en inglés?　　4) ¡Qué comes!

6 スペイン語に訳しましょう。　Traduce al español.

1) 「クラスで一番背が高いのは誰？」「Pedro です。」

2) 「君たち、何か飲みたいですか？」「いいえ、何も飲みたくありません。」

3) 「この近くにどこか薬局はありますか？」「いいえ、一軒もありません。」

4) 「今日の午後、君は何かしなければならないの？」「いや、何もする必要はないよ。」

DIÁLOGOS

(en una tienda)

Diana: ¿Me puede enseñar la chaqueta blanca del escaparate? ¿Y cuánto cuesta?

Dependiente: Sí, ahora mismo... Aquí la tiene. Cuesta 80 euros. También la tenemos en azul, pero el estilo es un poco diferente. Cuesta 100 euros. Esta en negro es la más barata de las tres, 70 euros.

Diana: Me gusta más la azul que la negra, pero la blanca es la más bonita de las tres. ¿Puedo probármela?

Dependiente: Sí, claro. Allí tiene el probador. ... ¿Qué tal le queda?

Diana: Muy bien. Me gusta mucho. Me la llevo. ¿Puedo pagar con tarjeta?

Dependiente: Sí, claro. En caja, por favor.

(en la cafetería de la universidad)

Diana: ¿Tienes algún amigo japonés en Sevilla?

Masato: Sí, tengo dos amigos japoneses. Ellos también estudian español aquí. Normalmente vamos a algún restaurante japonés y hablamos de nuestras experiencias aquí en España. ¿Conoces algún plato de la cocina japonesa?

Diana: Sí, en Francia hay muchos restaurantes japoneses y me gustan mucho el okonomiyaki y el udon, pero me gusta más el sushi. Es mi plato favorito.

Masato: Me sorprendes mucho. ¡Conoces muy bien la comida japonesa!

Práctica で使用する表現

興味のあるもの（Gustos e intereses）			
科目（Asignaturas）	la Historia	las Matemáticas	la Economía
果物（Frutas）	el melón	la sandía	la manzana
スポーツ（Deportes）	el baloncesto	el béisbol	el fútbol
音楽（Música）	la música pop	la música rock	la música clásica
映画（Películas）	las películas románticas	las películas de aventura / de ciencia ficción	

身長・体重（Medidas)			
medir	pesar	metro	kilogramo

見てみよう —Cultura

Lugares turísticos de México

El Zócalo (Plaza de la Constitución, Ciudad de México)

Día de los muertos

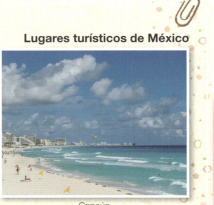

Cancún

PRÁCTICA

Unidad 11

1 Mira el recuadro y haz como en el modelo.　例にならって、ペアで練習しましょう。

| la Historia　　las Matemáticas |
| la Economía |

例: A: ¿Qué asignatura es la más interesante?
　　B: *Para mí la Economía es más interesante que las Matemáticas, pero la Historia es la más interesante de las tres.*

| el español　el inglés　el francés |

1) A: ¿Qué idioma es el más difícil?
　 B: Para mí _____

| el baloncesto　el béisbol　el fútbol |

2) A: ¿Qué deporte es el más emocionante?
　 B: Para mí _____

| la música pop　la música rock |
| la música clásica |

3) A: ¿Qué música es la más relajante?
　 B: Para mí _____

| las películas románticas |
| las de aventura　las de ciencia ficción |

4) A: ¿Qué películas son las más interesantes?
　 B: Para mí _____

| Tokio　　Kioto　　Yokohama |

5) A: ¿Qué ciudad es la más bonita?
　 B: Para mí _____

2 Lee y contesta a las preguntas.　例にならって、比較級を用いて文を作りましょう。

> Paolo tiene un coeficiente intelectual de 95 puntos. Tiene 31 años. Mide 1,85 (uno ochenta y cinco). Pesa 75 kg. Trabaja 10 horas a la semana. Duerme 7 horas al día. Practica el tenis y el fútbol. Sus aficiones son el fútbol y el baloncesto. Gana 50 euros al día. Estudia español 10 horas a la semana.

> Diana tiene un coeficiente intelectual de 95 puntos. Tiene 28 años. Mide 1,65 (uno sesenta y cinco). Pesa 52 kg. Trabaja 15 horas a la semana. Duerme 8 horas al día. No practica deportes. Le gusta cantar. Gana 80 euros al día. Estudia español 10 horas a la semana.

coeficiente intelectual 知能指数

例: (inteligente) Paolo *es tan inteligente como Diana.*　　Diana *es tan inteligente como Paolo.*
　　(alto/a) Paolo *es más alto que Diana.*　　　　　　　Diana *es menos alta que Paolo.*

1) (mayor/menor) Paolo _____　　1) Diana _____
2) (pesar) _____　　　　　　　　2) _____
3) (trabajar) _____　　　　　　　3) _____
4) (dormir) _____　　　　　　　 4) _____
5) (hacer deporte) _____　　　　 5) _____
6) (cantar) _____　　　　　　　　6) _____
7) (ganar) _____　　　　　　　　7) _____
8) (estudiar) _____　　　　　　　8) _____

3 Practica con tu compañero. Haced de nuevo el diálogo de la página anterior. Tú haces de cliente, pero en lugar de comprar una chaqueta quieres comprar un jersey. El jersey blanco cuesta 50 euros, el negro 40 y el azul 80.
64 ページを参考にして、ペアで、セーターを買う会話を作りましょう。白いセーターは 50 ユーロ、黒は 40 ユーロ、青は 80 ユーロです。

例: Cliente: ¿Me puede enseñar el jersey del escaparate? ¿Y cuánto cuesta?
    Dependiente/a: Sí, ahora mismo...

4 Practicad en grupos. Cada uno hace una pregunta a los demás.   グループで質問しあいましょう。

1) ¿Tienes algún amigo/a extranjero/a?
2) ¿Conoces algún restaurante español o latinoamericano en tu ciudad?
3) ¿Conoces a algún deportista español o latinoamericano?
4) ¿Conoces alguna ciudad española o latinoamericana?
5) ¿Conoces a algún actor, actriz o cantante español o latinoamericano?

5 Haz como en el modelo. 例にならって、文を作りましょう。

例: Tú ves **demasiado** la televisión.   *Debes verla **menos**.*
    Ustedes trabajan **poco**.   *Deben trabajar **más**.*

1) Tu padre bebe demasiado.
2) Tú vienes poco a clase.
3) Su hija duerme poco.
4) Ella hace poco deporte.
5) Ustedes leen poco.
6) Vosotros fumáis demasiado.
7) Tú comes poca verdura.
8) Tú usas demasiado el móvil.
9) Ella come muchos dulces.
10) Tú estudias poco.

6 Contesta a las siguientes preguntas. 質問に自由に答えましょう。

1) ¿Qué idioma es más difícil para ti, el inglés o el español?
2) ¿Quién es el más alto de la familia?
3) ¿Quién es el más inteligente de la familia?
4) ¿Quién es el más simpático?
5) ¿Estudias mucho?

見てみよう —Cultura

Lugares turísticos de Guatemala y México

Tikal (Guatemala)

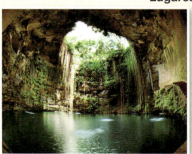
Cenote (México)

Templo de Quetzalcoatl (Teotihuacan, Ciudad de México)

GRAMÁTICA Y EJERCICIOS

Unidad 12

1 直説法点過去 ―規則動詞　El pretérito indefinido de indicativo ― Verbos regulares 🎧 2-16

-ar 動詞

hablar	
habl**é**	habl**amos**
habl**aste**	habl**asteis**
habl**ó**	habl**aron**

-er 動詞

comer	
com**í**	com**imos**
com**iste**	com**isteis**
com**ió**	com**ieron**

-ir 動詞

vivir	
viv**í**	viv**imos**
viv**iste**	viv**isteis**
viv**ió**	viv**ieron**

🖍️ **ちょこ練 1**　次の動詞の直説法点過去の活用形を書きましょう。Conjuga los verbos.

1) estudiar　　2) volver　　3) escribir

過去において完結した行為を表します。

A: ¿A qué hora te acostaste anoche?　　　　　　B: Me acosté a las dos.
A: ¿Cuándo salió Juana de su país?　　　　　　B: Salió la semana pasada.
A: ¿Cuántas horas estudiaste ayer para el examen?　B: Estudié cinco horas.
A: ¿Dónde comisteis ayer?　　　　　　　　　　B: Comimos en un restaurante mexicano.

🖍️ **ちょこ練 2**　（　）内の不定詞を点過去の正しい形にし、和訳しましょう。さらに [　] の主語に変えましょう。Completa con la forma adecuada del pretérito indefinido del verbo.

1) Yo (trabajar) ＿＿＿＿＿ hasta muy tarde ayer.　　　　　　　　　[ellos]
2) El mes pasado mi hermano (volver) ＿＿＿＿＿ de México.　　　　[nosotros]
3) ¿(Visitar, tú) ＿＿＿＿＿ Karuizawa en verano?　　　　　　　　[vosotros]
4) Esta tienda (abrir) ＿＿＿＿＿ en abril.　　　　　　　　　　　[las tiendas]
5) Yo (ver) ＿＿＿＿＿ a los abuelos de Ana el domingo pasado.　　[mi hermana]

- 1 人称単数または 3 人称の表記が変わる動詞
  llegar: lle**gué**, llegaste, …　　buscar: bus**qué**, buscaste, …　　empezar: empe**cé**, empezaste, …
  leer: leí, leíste, le**y**ó, leímos, leísteis, le**y**eron

🖍️ **ちょこ練 3**　次の動詞の直説法点過去の活用形を書きましょう。Conjuga los verbos.

1) jugar　　2) tocar　　3) comenzar　　4) oír

- 3 人称の語幹母音が変化する ir 動詞
  dormir: dormí, dormiste, d**u**rmió, dormimos, dormisteis, d**u**rmieron
  pedir: pedí, pediste, p**i**dió, pedimos, pedisteis, p**i**dieron

　　　A: ¿Cuántas horas durmió usted anoche?　　B: Dormí solo cinco horas.
　　　Mi hijo me pidió permiso para usar el coche.

◆過去の時を表す表現

| ayer　　anteayer　　anoche |
| la semana pasada　　el mes pasado　　el año pasado　　hace tres días |

🖍️ **ちょこ練 4**　（　）内の不定詞を点過去の正しい形にし、和訳しましょう。さらに [　] の主語に変えましょう。Completa con la forma adecuada del pretérito indefinido del verbo.

1) Yo (jugar) ＿＿＿＿＿ al fútbol el sábado pasado.　　　　　　　[ellos]
2) ¿(Dormir) ＿＿＿＿＿ usted bien anoche?　　　　　　　　　　[vosotros]
3) Nosotros (empezar) ＿＿＿＿＿ a estudiar español hace 8 meses.　[yo]
4) ¿(Leer) ＿＿＿＿＿ usted esta novela española?　　　　　　　　[tú]
5) Yo (tocar) ＿＿＿＿＿ el piano en la fiesta de mi cumpleaños.　　[mi hermana]

2 直説法点過去 —不規則動詞　El pretérito indefinido de indicativo — Verbos irregulares 🎧 2-17

1) u 型の動詞

tener	
tuve	tuvimos
tuviste	tuvisteis
tuvo	tuvieron

i 型の動詞

venir	
vine	vinimos
viniste	vinisteis
vino	vinieron

j 型の動詞

decir	
dije	dijimos
dijiste	dijisteis
dijo	dijeron

2) その他

dar	
di	dimos
diste	disteis
dio	dieron

ir / ser	
fui	fuimos
fuiste	fuisteis
fue	fueron

estar : estuve, ...
poder : pude, ...
saber : supe, ...
poner : puse, ...
haber : hube, ...

querer : quise, ...

hacer : hice, hiciste, hizo, ...

traer : traje, ...

ちょこ練 5　次の動詞の直説法点過去の活用形を書きましょう。Conjuga los verbos.

1) poder　　2) hacer　　3) traer

A: ¿Cuántas personas vinieron a la fiesta de ayer?　　B: Vinieron unas treinta.
A: ¿Cuándo supiste la noticia?　　B: La supe hace tres días.
A: ¿Qué te dieron tus padres el día de tu cumpleaños?
　　B: Me dieron dinero para comprarme un ordenador.
A: ¿A dónde fuisteis el domingo pasado?　　B: Fuimos a cenar fuera.

ちょこ練 6　（ ）内の不定詞を点過去の正しい形にし、和訳しましょう。さらに [ ] の主語に変えましょう。Completa con la forma adecuada del pretérito indefinido del verbo.

1) Ellos (saber) _____ la verdad en ese momento.　　[nosotros]
2) Antonio no me (decir) _____ nada.　　[José y Carmen]
3) Yo (querer) _____ viajar por Europa.　　[mis padres]
4) ¿A dónde (ir, tú) _____ ayer?　　[vosotros]
5) Mi amigo (estar) _____ en Madrid el verano pasado.　　[nosotras]
6) Mis padres me (dar, ellos) _____ dinero para viajar.　　[mi hermana]
7) ¿Cuándo (venir) _____ ellos a Japón?　　[María]
8) ¿Qué (hacer) _____ usted anoche?　　[tú]
9) No (tener, yo) _____ tiempo para verte.　　[nosotros]
10) ¿Qué vestido (ponerse, tú) _____ para la boda de Elena? [vosotros]

3 数 100 ～ 2,000　Los numerales (100 - 2000) 🎧 2-18

100 cien	101 ciento uno	110 ciento diez	200 doscientos	300 trescientos
400 cuatrocientos	500 quinientos	600 seiscientos	700 setecientos	800 ochocientos
900 novecientos	1000 mil	1001 mil uno	1200 mil doscientos	2000 dos mil

・200 ～ 900 には女性形があります
　360 (trescientos sesenta) euros　　480 (cuatrocientas ochenta) personas
・十の位と一の位に 0 以外の数があれば y が入ります。
　371 (trescientos setenta y un) kilómetros　　107 (ciento siete) kilogramos
・mil には複数形がありません。
　1478 (mil cuatrocientos setenta y ocho) metros　　2020 (dos mil veinte) años

UN POCO MÁS

Unidad 12

1 正しい主語を選びましょう。Elige el sujeto.

1) (Mario / Mis padres / Yo) supo la noticia anteayer.
2) (Nuestro tío / Sus amigos / Nosotros) estuvieron en Granada una semana.
3) ¿Cuántas clases tuvisteis (tú / vosotros / ellos) el miércoles?
4) ¿Cuándo leyó (tú / usted / ustedes) esta novela?

2 点過去を用いて、文を完成させ和訳しましょう。Completa con la forma adecuada del pretérito indefinido.

1) Me acuesto a las doce generalmente. Anoche me (   ) a las dos.
2) Normalmente comemos en el comedor de la universidad, pero ayer (   ) en un restaurante cerca de la universidad.
3) Normalmente Maite no sale por la noche, pero el viernes pasado (   ) de copas con sus amigos.
4) Hoy no hace mucho frío. La semana pasada (   ) mucho frío.

3 正しい語順に並び替え、斜体字の不定詞は点過去の正しい形にし、文を完成させましょう。Conjuga el verbo en el pretérito indefinido y construye la frase.

1) Ayer / antes / Pablo / de / *volver* / a casa / la cena
   Ayer ....
2) Yo / no / *buscar* / *encontrar* / la llave / la / pero
   Yo ....
3) Ellos / hace / meses / *casarse* / cinco
   Ellos ....
4) El / norte / *nevar* / pasado / mes / mucho / en el
   El ....

4 1か所だけ間違いを探して、正しく書き直しましょう。Busca el error.

1) Nosotros no quiso llegar tarde, pero no pudimos.
2) Ayer vi a Juana, pero ella no me dije nada.
3) En sábado pasado jugamos al tenis.
4) Antonio estuve todo el día en casa.

5 スペイン語に訳しましょう。Traduce al español.

1) 「昨夜、君は何時間寝ましたか？」「6時間寝ました。」

2) 「君は誰とマラガ (Málaga) に行ったの？」「姉と行きました。」

3) 「先週の日曜日、君たちは何をしたの？」「プラド美術館を訪ねました。」

4) 「試合 (el partido) は何時に始まりましたか？」「3時半に始まりました。」

DIÁLOGOS

(en la cafetería)

Diana: Alex, ¿tus abuelos viven con tus padres?

Alex: Bueno, mi abuela vive sola cerca de la casa de mis padres, pero mi abuelo murió hace 10 años.

Diana: ¿Dónde nació tu abuelo?

Alex: Mi abuelo Francisco nació en un pueblo de la provincia de Sevilla en 1932. A los 18 años se fue a Madrid a estudiar Medicina. Durante este tiempo conoció a mi abuela Carmen, se enamoraron y se casaron dos años después de terminar los estudios de Medicina. Tuvieron tres hijos.

Diana: ¿Dónde trabajó tu abuelo?

Alex: Al principio trabajó en un hospital de Sevilla, pero más tarde se trasladó a Madrid para trabajar en la Clínica Puerta de Hierro. En Madrid nacieron mi tío, mi tía y mi padre. Mi abuelo Francisco fue un gran médico y un buen abuelo.

(en el bar)

Maite: Oye, Masato, ¿qué ciudades de España conoces?

Masato: El año pasado estuve en Barcelona. Fui solo en avión desde Sevilla. Visité la Sagrada Familia y el Parque Güell. Me gustaron mucho los edificios de Gaudí y el ambiente de las Ramblas. En octubre del mismo año estuve en Madrid. Esta vez fui con unos amigos japoneses. Ellos, primero, vinieron a Sevilla a visitarme. Después fuimos en el Ave a Madrid. Me encantó la ciudad. Estuvimos 3 días y nos alojamos en el hotel Carlos I. Hizo muy buen tiempo. Comimos las deliciosas tapas de los bares de Madrid. Por último, mis amigos compraron regalos para sus familias. Ellos se compraron cada uno una camiseta del Real Madrid. Fue un viaje estupendo. Lo pasamos fenomenal. Además conocimos a unas italianas muy simpáticas.

Maite: ¡Qué bien! Esta primavera yo quiero viajar por el norte de España.

Práctica で使用する表現

過去を表す時の副詞・副詞句（Expresiones de tiempo）				
ayer	anteayer	la semana pasada	el mes pasado	el año pasado	el verano pasado
hace tres días		hace una semana	hace dos meses	hace cuatro años	

旅（Viaje）					
estar en	ir con	estar + días	alojarse en	visitar	comer la comida típica
pasarlo bien/mal		hacer buen tiempo/mal tiempo		comprar regalos/recuerdos	

人の一生（Biografía）					
nacer	estudiar	graduarse	enamorarse	casarse	tener hijos
empezar a trabajar		trasladarse	morir		

PRÁCTICA

Unidad 12

1 Mira las imágenes y escribe lo que hizo ayer Moe y a qué hora.
例にならって、モエが昨日したことを書きましょう。

例: Ayer Moe se levantó a las 7.   1) ....   2) ....   3) ....

4) ....   5) ....   6) ....   7) ....

Ahora escribe lo que hiciste tú ayer.　あなたが昨日したことを書きましょう。

....
....
....

2 Contesta a las preguntas como en el modelo.　例にならって、質問に答えましょう。

例: ¿Cuándo no asististe a clase de español por última vez?　*Hace una semana no asistí a clase.*

1) ¿Cuándo fuiste al cine por última vez?
2) ¿Cuándo fuiste de compras por última vez?
3) ¿Cuándo cenaste fuera de casa por última vez?
4) ¿Cuándo recibiste un regalo por última vez?
5) ¿Cuándo compraste un libro por última vez?
6) ¿Cuándo viajaste por última vez?

3 (Alumno B 72ページ) Practica con tu compañero como en el modelo.
例にならって、ペアで質問しあいましょう。

例: Alumno A: ¿Dónde *estuvo Paolo*?　　Alumno B: *Estuvo en Segovia.*

Alumno A

	Diana	Paolo	Masato y sus amigos	yo	mi compañero
¿Dónde (estar)?	(estar) en Galicia		(estar) en Madrid		
¿Cómo y con quién (ir)?	avión / sola		el Ave / amigos		
¿Cuántos días (estar)?	5		3		
¿Dónde (alojarse)?	en casa de una amiga		hotel Carlos I		
¿Qué lugares (visitar)?	Santiago de Compostela		el Palacio Real el Museo del Prado		
¿Qué (comer)?	mariscos				
¿Qué tiempo (hacer)?	llover				
¿Qué (comprar)?	cerámica y vino				
¿Qué tal lo (pasar)?	bien				

3 (Alumno A 71 ページ) Practica con tu compañero como en el modelo.
例にならって、ペアで質問しあいましょう。

例: Alumno B: ¿Dónde *estuvo Diana*?   Alumno A: *Estuvo en Galicia*.

Alumno B

	Diana	Paolo	Masato y sus amigos	yo	mi compañero
¿Dónde (estar)?		(estar) en Segovia			
¿Cómo y con quién (ir)?		autobús / solo			
¿Cuántos días (estar)?		4			
¿Dónde (alojarse)?		hostal			
¿Qué lugares (visitar)?		el Alcázar el Acueducto			
¿Qué (comer)?		cochinillo asado	tapas		
¿Qué tiempo (hacer)?		frío	buen tiempo		
¿Qué (comprar)?		recuerdos de Segovia	la camiseta del Real Madrid		
¿Qué tal lo (pasar)?		regular	muy bien		

4 Ahora escribe tu viaje.　あなたの旅行について書きましょう。

Yo estuve ....
....
....
....

5 Busca en Internet la biografía de un personaje famoso. Después preséntala delante de todos sin decir el nombre para ver si tus compañeros saben de quién se trata.
枠内の表現を使って、有名な人物の伝記を、名前は明かさずに書きましょう。発表して、誰についてのことなのか当ててもらいましょう。

| nacer | estudiar | graduarse | enamorarse | casarse |
| tener hijos | empezar a trabajar | trasladarse | morir |

Nació ....
....
....

6 Contesta a las siguientes preguntas.　質問に自由に答えましょう。

1) ¿En qué día, mes y año naciste? ....
2) ¿Dónde naciste? ....
3) ¿Cuándo entraste en la universidad? ....
4) ¿Cuándo conociste a tu mejor amigo/a? ....
5) ¿Cuándo trabajaste por horas por primera vez? ....
6) ¿Dónde trabajaste? ....

GRAMÁTICA Y EJERCICIOS

Unidad 13

1 直説法線過去 —規則動詞　El pretérito imperfecto de indicativo – Verbos regulares

-ar 動詞

hablar	
hablaba	hablábamos
hablabas	hablabais
hablaba	hablaban

-er 動詞

comer	
comía	comíamos
comías	comíais
comía	comían

-ir 動詞

vivir	
vivía	vivíamos
vivías	vivíais
vivía	vivían

ちょこ練 1 次の動詞の直説法線過去の活用形を書きましょう。Conjuga los verbos.

1) esperar　　2) leer　　3) salir

2 直説法線過去 —不規則動詞　El pretérito imperfecto de indicativo - Verbos irregulares

ir	
iba	íbamos
ibas	ibais
iba	iban

ser	
era	éramos
eras	erais
era	eran

ver	
veía	veíamos
veías	veíais
veía	veían

- 終了していない（継続していた）とみなされる過去の行為を表します。
  Antes mi hermana trabajaba en una empresa mexicana.
  Cuando me llamó Ana, yo estaba en el aeropuerto.　　Cuando volvió mi madre, yo veía la televisión.
- 過去の習慣を表します。
  Jugábamos al tenis todos los domingos.　　De joven Paula iba mucho al cine.

ちょこ練 2 （ ）内の不定詞を直説法線過去の正しい形にし、和訳しましょう。さらに [ ] の主語に変えましょう。Completa con la forma adecuada del pretérito imperfecto del verbo.

1) De joven mi hermano (acostarse) _____ muy tarde.　　　　[yo]
2) En aquella época (pasar, nosotros) _____ el verano en la playa.　　[ellos]
3) Entonces Sonia (vivir) _____ en una ciudad pequeña.　　[nosotros]
4) ¿(Hacer, tú) _____ deporte todos los días?　　[vosotros]

3 点過去と線過去　El pretérito indefinido e imperfecto

点過去 - 過去の事柄を、その継続時間や回数にかかわらず、終了したこととして表します。
　　Ayer **estudié** español tres horas.　　La semana pasada **visité** a mis abuelos dos veces.
線過去 - 過去の事柄を、その始まりも終わりも示さずに、継続していたことと捉えて表します。
　　Cuando yo **era** estudiante, **estudiaba** mucho.
　　Visitaba a mis abuelos todos los fines de semana.

ちょこ練 3 点過去または線過去の正しい形を入れましょう。Completa con la forma adecuada del pretérito indefinido o del imperfecto.

1) Entonces (haber) _____ un hotel detrás de la estación.
2) Cuando (ser, yo) _____ niño, (jugar) _____ todos los días en este parque.
3) Cuando (levantarse, yo) _____ , (llover) _____ mucho.
4) El invierno pasado (hacer) _____ mucho frío.
5) Jorge y yo nos (conocer) _____ hace dos días.

4 直接話法・間接話法　La frase de estilo directo e indirecto 🎧2-23

直接話法　Pepe dice: "Estoy ocupado."
間接話法 → Pepe dice que está ocupado.　ペペは、忙しいと言っている
　　　　　　　主節　　　　従属節

・主節の動詞が過去になると、従属節の中の現在形は線過去に変わります。

直接話法　Pepe dijo: "Estoy ocupado."
間接話法 → Pepe dijo que estaba ocupado.　ペペは、忙しいと言った
　　　　　　　主節　　　　従属節

ちょこ練 4　間接話法の文を完成させ、和訳しましょう。Escribe las frases en estilo indirecto.

1) "En primavera llueve mucho."　　María dice que _____
　　　　　　　　　　　　　　　　　María dijo que _____

2) "Me gusta la comida japonesa."　María dice que _____
　　　　　　　　　　　　　　　　　María dijo que _____

3) "Voy de compras los sábados."　María dice que _____
　　　　　　　　　　　　　　　　　María dijo que _____

4) "Me ducho por la mañana."　　　María dice que _____
　　　　　　　　　　　　　　　　　María dijo que _____

5 数 10,000～　Los numerales (10 000 -) 🎧2-24

10 000	diez mil	20 000	veinte mil	100 000	cien mil	300 000	trescientos mil
1 000 000	un millón	2 000 000	dos millones	10 000 000	diez millones		

・millón には複数形があります。millón, millones のすぐ後に名詞が続く場合には、前置詞 de が間に入ります。
　1 000 000 (un millón) de habitantes
　5 620 000 (cinco millones seiscientas veinte mil) personas

ちょこ練 5　次の数をスペイン語でつづりましょう。Escribe las cifras en español.

1) 194 euros
2) 201 horas
3) 1612 dólares
4) 3960 libros
5) 13 800 yenes
6) 140 721 kilómetros
7) 3 515 610 coches
8) 49 000 000 de personas

6 序数　Los números ordinales 🎧2-25

1º primero	2º segundo	3º tercero	4º cuarto	5º quinto
6º sexto	7º séptimo	8º octavo	9º noveno	10º décimo

・通常、名詞の前に起き、名詞の性・数に一致します。　la segunda planta　el octavo piso
・primero と tercero は、男性単数名詞の前で -o が脱落します。el primer semestre　el tercer año

ちょこ練 6　適切な序数を入れて、和訳しましょう。Completa con los ordinales.

1) El (　　　　) restaurante de mi primo está en Singapur.　　　　　　　　　　　　[5]
2) Ellos viven en la (　　　　) planta y nosotros vivimos en la (　　　　) del mismo edificio. [8, 7]
3) El inglés es mi (　　　　) lengua extranjera y el español es mi (　　　　).　　　[1, 2]
4) Yo soy de (　　　　) curso y mi hermano mayor es de (　　　　).　　　　　　　[1, 3]

UN POCO MÁS

Unidad 13

1 線過去を用いて、文を完成させ和訳しましょう。Completa con el pretérito imperfecto.

1) Ahora hablo español, pero antes no lo ....
2) Ahora ayudamos a nuestros padres, pero antes no los ....
3) Ahora mucha gente usa el móvil, pero antes no lo ....
4) Ahora la gente viaja mucho, pero antes .... menos.
5) Ahora Carmen ve la tele, pero antes no la .... mucho.

2 点過去か線過去の正しい形にし、和訳しましょう。Completa con la forma adecuada del pretérito indefinido o del imperfecto.

1) Antes aquí en esta calle (haber) .... un teatro y ahora hay un supermercado.
2) (Hacer) .... buen tiempo cuando yo (llegar) .... al aeropuerto ayer.
3) Todos los días mis hermanos (jugar) .... al béisbol.
4) Cuando me (llamar) .... Cristina, yo (ver) .... la tele.
5) (Ser) .... las once cuando (volver, yo) .... a casa anoche.
6) Anteayer mi amigo de Lima (venir) .... a Japón.
7) Cuando (casarse) .... mi hermana mayor, (tener) .... veintiún años.
8) Cuando (ser) .... pequeña, María (vivir) .... en Canadá.
9) Cuando (ser, nosotros) .... estudiantes, (ir) .... al colegio en autobús.
10) Antes (verse, nosotros) .... muchas veces.

3 次の数をスペイン語で書きましょう。Escribe las cifras en español.

1) 723 407: ....
2) 911 564: ....
3) 850 615: ....
4) 197 279: ....
5) 52 387 000: ....

4 1か所だけ間違いを探して、正しく書き直しましょう。Busca el error.

1) Era las 12 cuando salí del restaurante.
2) Luis me dijo que vivió en Argentina.
3) El domingo pasado había un accidente aquí.
4) Yo tuve 18 años cuando entré en la universidad.
5) En esta ciudad viven más de dos millones habitantes.

5 スペイン語に訳しましょう。Traduce al español.

1) 私は学生の頃、スペイン語を勉強していました。

2) Juan は私にバルセロナ (Barcelona) の出身だと言いました。

3) Ana は子供の頃、キューバ (Cuba) に住んでいました。

4) 忙しい時、私たちはとても遅くまで働いたものです。

DIÁLOGOS

(en la cafetería)

Diana: Alex, cuando eras pequeño, ¿vivías aquí, en Sevilla?

Alex: No, vivía en un pueblo de la provincia de Sevilla. El río Guadalquivir pasaba muy cerca.

Diana: ¿Cómo era el pueblo?

Alex: Era un pueblo muy pequeño, tenía pocas casas. Mi padre era el médico del pueblo y vivíamos en una casa muy grande en el centro.

Diana: ¿Hasta cuándo viviste allí?

Alex: Viví allí hasta los 12 años. Después mis padres se trasladaron a la capital de la provincia, Sevilla.

Diana: Entonces, tienes muchos recuerdos del pueblo, ¿no?

Alex: Sí, tengo muchos y muy buenos recuerdos de allí. Me acuerdo de que después de las clases nadábamos en el río y pescábamos hasta muy tarde.

Diana: ¿Cómo ibas a la escuela?

Alex: La escuela estaba en las afueras del pueblo y todos íbamos a pie. Me acuerdo de que en primavera atravesábamos los campos llenos de amapolas. Era muy bonito.

Diana: ¿Qué deporte practicabas?

Alex: Todos los chicos jugábamos al fútbol, pero después practicábamos algún instrumento musical. Yo, por ejemplo, tocaba el piano. En aquella época no había ordenador, pero lo pasábamos muy bien.

(en la cafetería)

Paolo: Diana, ¿tienes novio?

Diana: No, no lo tengo. En la universidad tuve un buen amigo, pero solo amigo.

Paolo: ¿Cuántos años tenías en aquel tiempo?

Diana: Tenía 23 años y mi amigo 25. Teníamos las mismas aficiones. A los dos nos gustaban la música y el arte. Íbamos mucho a conciertos y exposiciones de pintura.

Paolo: Y tu amigo ... ¿ya está casado?

Diana: Bueno, lo vi por última vez hace 5 años. En aquel tiempo él todavía estaba soltero.

Práctica で使用する表現

子供のころのこと（La infancia）

llevar pantalones cortos	ser alto y rubio	ir a la escuela a pie
jugar al fútbol con los amigos	nadar/pescar en el río	tocar el piano
gustar las Matemáticas		

PRÁCTICA

Unidad 13

1 Mira las imágenes y escribe cómo era Alex y qué hacía cuando era pequeño.
例にならって、「**Práctica** で使用する表現」（**76** ページ）を用いて、アレックスの子供のころの様子を書きましょう。

Cuando era pequeño, Alex...

例: Llevaba pantalones cortos.　1) ....　2) ....　3) ....

4) ....　5) ....　6) ....　7) ....

2 Mira las imágenes y usa el pretérito indefinido o el imperfecto como en el modelo.
例にならって、点過去または線過去を使って文を書きましょう。

Cuando (yo, salir de casa) / llover

Cuando (ella, casarse) / tener 22 años

Ayer, cuando (yo, llegar a casa) / ser de noche

例: Cuando salí de casa, llovía.　1) ....　2) ....

Ayer (yo, no asistir) a clase / porque (yo, estar) enfermo

Cuando (yo, conocer) a mi novio / (él, ser) todavía estudiante

Ayer (yo, acostarse) pronto porque (yo, estar) cansado

 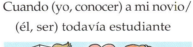 

3) ....　4) ....　5) ....

3 (Alumno B　78 ページ) Mira el modelo y practica con tu compañero.
例にならって、ペアで質問しあいましょう。

Alumno A

例: Alumno A: ¿Cómo era *Alex* antes?　　Alumno B: *Era* un poco delgado. *Llevaba* el pelo corto.

	Alex	Diana	yo	mi compañero
¿Cómo era antes?		(ser) un poco gordita (llevar) el pelo largo		
¿Cómo vestía?		(vestir) uniforme		
¿Qué deporte practicaba?		(practicar) el tenis		
¿Cómo iba al colegio?		(ir) en bicicleta		
¿Qué le gustaba comer?		(gustar) comer carne		
¿Qué afición tenía?		(pintar)		

3 (Alumno A 77 ページ) **Mira el modelo y practica con tu compañero.**
例にならって、ペアで質問しあいましょう。

Alumno B

例: Alumno A: ¿Cómo era *Alex* antes?　　　　Alumno B: *Era* un poco delgado. *Llevaba* el pelo corto.

	Alex	Diana	yo	mi compañero
¿Cómo era antes?	(ser) un poco delgado (llevar) el pelo corto			
¿Cómo vestía?	(vestir) pantalones cortos			
¿Qué deporte practicaba?	(practicar) el fútbol			
¿Cómo iba al colegio?	(ir) a pie			
¿Qué le gustaba comer?	(gustar) comer mucha fruta y espaguetis			
¿Qué afición tenía?	(tocar) el piano			

4 **Mira el modelo.** 次の文章を読んだあと、あなたの子供のころのことを書きましょう。 2-27

> Cuando era pequeño, Alex llevaba el pelo corto y era un poco delgado. Vestía siempre pantalones cortos con tirantes. Iba al colegio a pie y en su tiempo libre le gustaba jugar al fútbol con sus amigos. También le gustaba mucho comer espaguetis y fruta. Su afición favorita era tocar el piano.

Ahora escribe cómo eras tú de pequeño y qué hacías: ....
....
....
....

5 **Compara lo que hacías antes con lo que haces ahora.**
例にならって、枠内の表現を使って、以前と今のことを書きましょう。

| salir con los amigos | trabajar por horas | hacer deporte | |
| ir al cine | ir al karaoke | montar en bici | estudiar |

例: Antes salía con mis amigos, pero ahora salgo con mi novia.
　/ Antes salía con mis amigos, y ahora también.
　/ Antes no salía con mis amigos, pero ahora salgo.
　/ Antes no salía con mis amigos, y ahora tampoco.

見てみよう —Cultura

Lugares turísticos de Perú y Bolivia

Machu Picchu (Cusco, Perú)

Islas Flotantes de los Uros (Lago Titicaca, Perú)

Salar de Uyuni (Bolivia)

GRAMÁTICA Y EJERCICIOS

1　過去分詞　El participio

規則形

-ar → -ado	-er → -ido	-ir → -ido
hablar → hablado	comer → comido	vivir → vivido

leer → leído,　traer → traído,　oír → oído

不規則形

abrir →	**abierto**	volver →	**vuelto**	escribir →	**escrito**
hacer →	**hecho**	poner →	**puesto**	ver →	**visto**
decir →	**dicho**	morir →	**muerto**	romper →	**roto**

- 形容詞のように用いられ、名詞の性と数に一致します。
　　un jersey hecho a mano　　una mujer casada　　la semana pasada
- **ser** ＋過去分詞（＋**por** ＋動作主）：動作の受け身を表します。過去分詞は主語の性と数に一致します。
　　Este puente fue construido en el siglo XV.　　Esta novela fue escrita por García Márquez.
- **estar** ＋過去分詞：結果としての状態を表します。過去分詞は主語の性と数に一致します。
　　La comida está preparada.　　Las ventanas están cerradas.

ちょこ練 1
（　）内の不定詞を過去分詞の正しい形にし、和訳しましょう。Completa con la forma adecuada del participio.

1) Tengo un libro (escribir) ＿＿＿＿＿＿ en español.
2) Esta es una película bien (hacer) ＿＿＿＿＿＿ .
3) Muchos edificios fueron (destruir) ＿＿＿＿＿＿ por las bombas.
4) La pared está (pintar) ＿＿＿＿＿＿ de blanco.
5) La ciudad está (cubrir) ＿＿＿＿＿＿ de nieve.

2　直説法現在完了　El pretérito perfecto de indicativo

haber 直説法現在　＋　過去分詞

he	hemos
has	habéis
ha	han

＋ hablado, comido, vivido
☆過去分詞は性数変化しません

- 現在までに完了している事柄を表します。
　　A: ¿Ya has hecho los deberes?　　B: No, no los he hecho todavía.
　　Pablo te ha llamado hace poco.
- 現在までの経験を表します。
　　A: ¿Has estado alguna vez en Perú?　　B: No, no he estado nunca.
　　Hemos viajado por Andalucía dos veces.
- 現在を含む期間内（esta mañana, hoy, esta semana, este mes, este año, etc.）に生じた事柄を表します。
　　Este mes hemos trabajado mucho.
　　A: ¿A qué hora te has levantado esta mañana?　　B: Me he levantado a las seis y media.
- 現在まで継続している事柄を表します。
　　Hemos vivido cerca del mar hasta ahora, pero ahora vivimos en Tokio.

ちょこ練 2 （ ）内の不定詞を直説法現在完了の正しい形にし、和訳しましょう。さらに [ ] の主語に変えましょう。Completa con la forma adecuada del pretérito perfecto.

1) ¿Ya (volver) _____ a casa tu hermano? [tus padres]
2) Daniel todavía no (terminar) _____ el trabajo. [ellos]
3) ¿(Ver, vosotros) _____ alguna película española? [tú]
4) Esta mañana (levantarse, yo) _____ muy temprano. [nosotros]

ちょこ練 3 直説法点過去または現在完了の正しい形を入れましょう。Completa con la forma adecuada del pretérito indefinido o del perfecto.

1) Este mes (llover) _____ mucho.
2) Elena y Carlos (casarse) _____ en 1998.
3) Normalmente no bebo alcohol, pero anoche (beber) _____ un poco.
4) Hoy nosotros no (tener) _____ clase, porque el profesor está resfriado.

3 直説法過去完了　El pretérito pluscuamperfecto de indicativo 🎧 2-30

haber 直説法線過去　＋　過去分詞

había	habíamos
habías	habíais
había	habían

＋ hablado, comido, vivido
☆過去分詞は性数変化しません

・過去のある時点よりも前に完了した事柄を表します。
　Cuando volvió mi padre, yo ya me había acostado.
　Cuando fui a México por primera vez, todavía no había estudiado español.
・過去のある時点までの経験を表します。
　Yo nunca había probado la paella antes de ir a España.

ちょこ練 4 直説法点過去または過去完了の正しい形を入れましょう。Completa con la forma adecuada del pretérito indefinido o del pluscuamperfecto.

1) Cuando (llegar, nosotros) _____ al cine, ya (empezar) _____ la película.
2) Cuando te (llamar, yo) _____ , ya (irse, tú) _____ .
3) Ayer (ver, yo) _____ a Sofía en la estación. Ella me (decir) _____ que (visitar) _____ Nueva York y que le (gustar) _____ mucho.

ちょこ練 5 直説法過去完了を使って、間接話法の文を完成させましょう。Sigue el modelo.

例："He limpiado ya la habitación." → Sandra me dijo que *había limpiado ya la habitación*.

1) "He estado una vez en Chile."
　→ Sandra me dijo que _____
2) "No hemos leído ninguna novela japonesa."
　→ Sandra y Mario me dijeron que _____

UN POCO MÁS

Unidad 14

1 ( )内の不定詞を過去分詞の正しい形にして入れ、答えを結び付け、和訳しましょう。Completa con la forma adecuada del participio y relaciona.

1) ¿A ti te gusta la carne bien _____ (hacer)?   a. No. Los domingos está cerrado.
2) ¿Ese restaurante mexicano está _____ (abrir) hoy?   b. No sé exactamente cuándo.
3) ¿Por quién fue _____ (escribir) esta novela?   c. Puedes sentarte en aquella.
4) ¿Cuándo fue _____ (construir) la estación de Tokio?   d. No, a mí no.
5) Esta silla está _____ (romper).   e. Fue escrita por un famoso novelista.

2 ( )内の不定詞を直説法現在完了の正しい形にして入れ、答えを結び付け、和訳しましょう。Completa con la forma adecuada del pretérito perfecto y relaciona.

1) ¿(Estar, tú) _____ alguna vez en Okinawa?   a. Sí, pero ahora vivo en la ciudad.
2) Esta semana (nevar) _____ mucho.   b. No. Vamos a terminarlo mañana.
3) ¿Ya (terminar, vosotros) _____ el trabajo?   c. Entonces no podemos ir a la montaña.
4) Hasta ahora (vivir, tú) _____ en el campo, ¿no?   d. Sí, mañana llega a París a las 8.
5) ¿Ya (salir) _____ el avión?   e. Sí, he estado dos veces con mi familia.

3 直説法現在完了または過去完了の正しい形にし、和訳しましょう。Completa con la forma adecuada del pretérito perfecto o pluscuamperfecto.

1) Elena y su marido me dijeron que todavía no (probar) _____ la comida japonesa.
2) Cuando llegamos al museo, ya (cerrar) _____ .
3) Hoy (llover) _____ mucho.
4) Yo no (subir) _____ al monte Fuji todavía.
5) Este año nosotros (estar) _____ en China.
   Hasta entonces nunca (viajar) _____ al extranjero.

4 1か所だけ間違いを探して、正しく書き直しましょう。Busca el error.

1) Este año nosotros hemos trabajados mucho.
2) Él dijo que ha estado en Kioto una vez.
3) Ya los niños se acostaron.
4) Este verano he hecho mucho calor.
5) Antes de venir a Japón, Emilia no ha estudiado japonés. Ahora lo habla muy bien.

5 スペイン語に訳しましょう。Traduce al español.

1) 「君たちはスペインに行ったことがありますか？」「はい、一度あります。」

2) 「もう、君はあのレポート (trabajo) 書いた？」「ううん、まだ（それを）書いてないよ。」

3) 私は毎日朝食を食べていますが、今朝は食べませんでした。

4) 私が駅に着いたとき、すでにその列車は出ていました。

DIÁLOGOS

(en la universidad)

Paolo: Diana, ¿dónde has estado hoy todo el día porque no te he visto?

Diana: He estado en una agencia de viajes para comprar un billete barato de avión para ir a Santiago de Compostela.

Paolo: ¿Nunca has estado en Galicia?

Diana: No, todavía no he estado, pero tengo muchas ganas de conocerla. Además una amiga mía, compañera de clase de inglés en Londres, me ha invitado a visitar a su familia y su ciudad, A Coruña.

Paolo: ¡Qué bien! ¿Ya has preparado todo para el viaje?

Diana: Bueno, casi todo. Ya he comprado el billete y los regalos para mi amiga y su familia, pero todavía no he hecho la maleta.

Paolo: ¡Buen viaje! Lo vas a pasar muy bien.

(en un restaurante)

Diana: ¿Qué vamos a tomar?

Amiga: Primero vamos a pedir una mariscada para las dos y una ración de pulpo a la gallega. Y de segundo plato vamos a tomar chuletón de vaca vieja gallega y para beber el vino blanco gallego por excelencia "albariño". ¿Qué te parece?

Diana: Me parece fenomenal. ...

Amiga: ¿Qué tal el vino?

Diana: Excelente. Hasta ahora nunca había bebido un vino blanco tan bueno como este. Además va muy bien con el marisco.

Amiga: ¿...y el pulpo?

Diana: Está delicioso y blando. Hasta ahora no lo había probado de esta manera.

Amiga: Vamos a disfrutar porque el pescado es muy fresco y de buena calidad.

Práctica で使用する表現

現在完了・過去完了とともに用いる表現（Expresiones de tiempo）					
ya	todavía no				
hoy	esta semana	este mes	este año	estas vacaciones	este curso
hasta ahora	hasta entonces	hasta ese día	hasta esa semana	hasta ese año	

レストランで用いる表現（En el restaurante）				
de primero	de segundo	de postre	para beber	la cuenta

食器具（Cubiertos）					
plato	vaso	cuchara	tenedor	cuchillo	servilleta

旅の表現（Expresiones de viaje）			
llegar puntual	hacer la maleta	facturar las maletas	embarcar
por primera vez			

日常の活動（Expresiones de la vida ordinaria）				
empezar a cenar	bañarse	vestirse	comprar un traje nuevo	ponerse el traje	lavar los platos

PRÁCTICA

1 Haz como en el modelo.　例にならって、文を作りましょう。

例： Normalmente (limpiar, yo) la habitación, pero esta semana no (limpiar).
→ Normalmente *limpio* la habitación, pero esta semana no *la he limpiado*.

1) Normalmente (trabajar, ellos) .... los sábados, pero este sábado no (trabajar) ....
2) Normalmente los domingos (cenar, tú) .... fuera, pero este domingo (cenar) .... en casa.
3) Normalmente (llegar, Paolo) .... puntual a clase, pero esta semana (llegar) .... tarde.
4) Normalmente (hacer, vosotros) .... los deberes los viernes, pero este viernes no (hacer) ....
5) Normalmente (lavar, Diana y yo) .... los platos, pero esta semana no (lavar) ....

2 Haz como en el modelo.　例にならって、現在完了を用いて文を作りましょう。

ellos　　　　　　　él　　　　　　　mi madre　　　　　　nosotros

例： Ellos ya han comprado los billetes, pero todavía no han hecho la maleta.

1) ....
2) ....

yo　　　　　　　los niños　　　　　　María

3) ....
4) ....
5) ....

3 Mira el modelo y completa la frase con "TODAVÍA NO" o "NO" / "NUNCA".
例にならって、"todavía no"、"no"、"nunca" を使って文を作りましょう。

例： *Todavía no he estado* en el estadio del Real Madrid, pero tengo muchas ganas de ir.
Nunca he estado / No he estado en el estadio del Real Madrid. No me gusta el fútbol.

1) .... (ver, yo) flamenco, pero tengo muchas ganas de verlo.
.... (ver, yo) flamenco. No me gusta el flamenco.
2) .... (comer, nosotros) sashimi, pero tenemos muchas ganas de comerlo.
.... (comer, nosotros) sashimi. Es que somos vegetarianos.
3) .... (estar, ellos) en Bangkok, pero tienen muchas ganas de ir.
.... (estar, ellos) en Bangkok. No les gusta el calor.

4 Haz como en el modelo.　例にならって、文を作りましょう。

例：(esta casa, esa, construir)　　　　　　1) (este coche, ese, fabricar)

Esta casa se construyó en 1998,
pero esa ya se había construido en 1920.

2) (este libro, ese, escribir)　　　　　　3) (la televisión, la luz, inventar)

5 Haz como en el modelo.　例にならって、質問文を作りましょう。

例：A: Hoy he comido paella por primera vez.　　B: ¿Nunca la habías comido antes?
1) Hoy he estado por primera vez en Akihabara.
2) Hoy he visto flamenco por primera vez.
3) Hoy he bebido vino de Galicia por primera vez.
4) Hoy he estado en Toledo por primera vez.
5) Hoy he visto a mis primos por primera vez.

6 Aquí tienes el menú del restaurante. Usa las expresiones del recuadro y pide lo que quieras comer. El profesor hará de camarero.　会話例を参考に、メニューを見ながら、ペアでレストランでの会話を練習しましょう。

Camarero:	Buenas tardes / noches. ¿Qué va/n a tomar?
Cliente:	De primero quiero tomar ...
	De segundo ....
Camarero:	¿Y para beber?
Cliente:	Pues ...
....	
Cliente:	¿Me trae un poco de pan, por favor?
....	
Camarero:	¿Va a tomar postre?
Cliente:	Sí, ... y un café cortado.
....	
Cliente:	La cuenta, por favor.

RESTAURANTE SANTIAGO
Menú del día 15 euros

Primeros
- Caldo gallego
- Pulpo a la gallega
- Mariscada

Segundos
- Chuletón vaca vieja gallega
- Pescado a la parrila

Postre　　　　**Bebidas**
-Tarta de Santiago　　-Agua mineral
-Natillas de la casa　　-Vino blanco / tinto

pan / café o té incluido en el precio

GRAMÁTICA Y EJERCICIOS

Unidad 15

1 現在分詞　El gerundio

規則形

-ar → -ando	-er → -iendo	-ir → -iendo
hablar → hablando	comer → comiendo	vivir → viviendo

不規則形

leer →	leyendo	dormir →	durmiendo
oír →	oyendo	decir →	diciendo
ir →	yendo	pedir →	pidiendo

ちょこ練 1 次の動詞の現在分詞と過去分詞を書きましょう。Escribe el gerundio y el participio.
1) escribir　　2) leer　　3) pasar　　4) decir　　5) ver

2 現在進行形　El presente continuo

・**estar** ＋現在分詞：現在進行中の事柄を表します。
　A: ¿Qué estás haciendo?　　B: Estoy preparando la cena.

・目的格人称代名詞や再帰代名詞は、活用している動詞の前に置くか、または現在分詞の後ろにつけて一語とすることもできます。現在分詞の後ろにつける場合、アクセントの位置が移動しないように、必要であればアクセント符号をつけます。
　Marcos te está esperando. = Marcos está esperándote.
　Los niños se están bañando. = Los niños están bañándose.

ちょこ練 2 次の語を用いて、二通りの現在進行形を完成させましょう。Sigue el modelo.
例： Carmen, bañarse → *Carmen se está bañando. / Carmen está bañándose.*
1) tus amigos, buscarte
2) mi hermano, ducharse

3 現在分詞のその他の用法　Los otros usos del gerundio

・**seguir, continuar** ＋現在分詞「〜し続ける」
　Todavía sigue lloviendo.
　Cuando entré en la habitación, Sara continuaba estudiando.
・**llevar** ＋現在分詞「〜している」（時の経過）
　A: ¿Cuánto tiempo llevas viviendo en Japón?　　B: Llevo viviendo cinco años.
・**ir** ＋現在分詞「（だんだん）〜していく」
　El enfermo va mejorando poco a poco.
・副詞的用法「〜しながら」
　Mi madre cocina oyendo la radio.

ちょこ練 3 現在分詞を書き入れ、和訳しましょう。Completa con el gerundio.
1) Mi padre desayuna ＿＿＿＿＿＿ (leer) el periódico.
2) Llevamos ＿＿＿＿＿＿ (trabajar) veinte años en esta empresa.
3) Manuela sigue ＿＿＿＿＿＿ (hablar) por teléfono con su hija.
4) La población de esta ciudad va ＿＿＿＿＿＿ (aumentar) cada año.
5) A: ¿Qué estáis ＿＿＿＿＿＿ (hacer)?　　B: Os estamos ＿＿＿＿＿＿ (preparar) la cena.

4　関係代名詞 que　El pronombre relativo *que* 🎧 2-35

関係代名詞 que に導かれた従属節が、人や物を修飾します。

Esta es la película. Vi esta película ayer.
→ Esta es la película que vi ayer.
　　　　　　先行詞　　　従属節

Conocí a una chica en la fiesta. La chica habla inglés muy bien.
→ La chica que conocí en la fiesta habla inglés muy bien.
　　先行詞　　　　従属節

- 前置詞＋定冠詞＋que

Este es el hospital. Mi primo trabaja *en* este hospital.
→ Este es el hospital *en* el que trabaja mi primo.

Rafael salía *con* la chica. Esa chica era de Valencia.
→ La chica *con* la que salía Rafael era de Valencia.

ちょこ練 4　関係代名詞 que を用いて、一つの文にしましょう。Une las dos frases en una usando el relativo *que*.

1) ¿Quién es la chica? + La chica está cantando ahora.
→ ¿Quién _____

2) El chico es mi novio. + Voy al cine con él.
→ El chico _____

3) El libro es interesante. + Me hablaste de ese libro ayer.
→ El libro _____

5　関係副詞 donde　El adverbio relativo *donde* 🎧 2-36

場所を表す名詞が先行詞の場合、関係副詞 donde を用いることもできます。「en＋定冠詞＋関係代名詞 que」で言い換えが可能です。

Esta es la casa donde (= en la que) nació Picasso.
El restaurante donde (= en el que) cené anoche con María es el más caro de la ciudad.

ちょこ練 5　関係副詞 donde を用いて、一つの文にしましょう。Une las dos frases en una usando el relativo *donde*.

1) Esta es la academia. + Miguel estudió japonés en esta academia.
→ Esta es _____

2) El hotel está enfrente de la estación. + Mi primo trabaja en ese hotel.
→ El hotel _____

🔍 見てみよう —Cultura

Navidad

Belén

Turrón

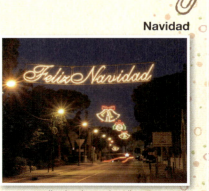
Iluminaciones de calles

UN POCO MÁS

Unidad 15

1 現在進行形に書き換え、和訳しましょう。Pon la frase en presente continuo.

1) Antonio se ducha. →
2) Mi hija duerme en su habitación. →
3) Yo pienso en las vacaciones. →
4) Vemos esa película. →
5) ¿Qué hacéis? →

2 (　) 内の不定詞を現在分詞の正しい形にして入れて、答えを結び付け、和訳しましょう。Completa con el gerundio y relaciona.

1) ¿Tu abuelo va _____ (mejorar)?
2) Poco a poco va _____ (hacer) más frío.
3) ¿Estás _____ (leer) el periódico?
4) ¿Cuántos años lleva tu hija _____ (practicar) el piano?
5) ¿Seguís _____ (trabajar) en el mismo restaurante?

a. Sí, tenemos contrato hasta marzo.
b. Sí, pero todavía sigue en el hospital.
c. Sí, dicen que mañana va a nevar.
d. No, ya lo he leído.
e. Solo dos meses.

3 正しい語句を選び、和訳しましょう。Elige la forma correcta y completa.

1) Este es el restaurante (en la que / donde / que) celebramos mi cumpleaños el año pasado.
2) Los chicos (con los que / de los que / que) he estado de viaje durante una semana son José y Rafael.
3) Este es el tema (que / donde / del que) te hablé por teléfono.
4) El libro (del que / con el que / que) leí ayer fue interesante.
5) ¿Cuál es la ciudad (en la que / con la que / que) se van a celebrar los próximos juegos olímpicos?

4 1か所だけ間違いを探して、正しく書き直しましょう。Busca el error.

1) Estoy iendo a la universidad.
2) ¿Sigues trabajado en el bar?
3) Mi madre cocina visto la televisión.
4) Este es el libro que te hablé ayer.
5) La tienda donde abrió mi tío está en Los Ángeles.

5 スペイン語に訳しましょう。Traduce al español.

1) 「今、君たちは何をしているの？」「夕食を食べているんだ。」[現在進行形を用いて]

2) 「君はどのくらいスペイン語を勉強しているの？」「10 カ月（それを）勉強しているよ。」

3) 今、コーヒーを飲んでいる女の子は、Beatriz という名前です。

4) これが、私が生まれた病院です。

DIÁLOGOS

(en la cafetería)

Diana: Oye, Alex, ¿qué hiciste el sábado pasado que no te vi?

Alex: Pues estuve con mi familia celebrando el cumpleaños de mi madre.

Diana: ¿Dónde estuvisteis celebrándolo?

Alex: En la casa del pueblo de mi padre. Te voy a enseñar algunas fotos que saqué con el móvil para explicarte la fiesta. Mira, la señora que sonríe y está apagando las velas del pastel es mi madre. Cumplió 66 años. La que está tocando la guitarra es mi hermana, Lucía. Mira, este que está cocinando carne a la parrilla es mi padre. El chico tan guapo que está bailando es mi primo Pablo. Esta es mi abuela que felicita a mi madre dándole un beso en la mejilla. Y aquí tienes a mi tío que está bebiendo vino del porrón.

Diana: ¿Qué es el porrón?

Alex: Es un instrumento que sirve para beber vino sin tocar los labios. Es un poco difícil, pero muy práctico porque de esta manera no se necesitan vasos.

Diana: Aquí, en esta foto, todos estáis cantando, ¿no?

Alex: Sí, estamos cantando: "Cumpleaños feliz, cumpleaños feliz..."

Diana: Tuvisteis una celebración maravillosa, ¡qué envidia me dais!

Alex: Sí, lo pasamos muy bien.

(en la universidad)

Paolo: Has estado enferma estos días, ¿no?

Moe: Sí, pero voy mejorando. Creo que la próxima semana voy a estar completamente bien. Y tú, ¿sigues practicando la guitarra flamenca?

Paolo: Sí, pero poco a poco, porque es muy difícil.

Práctica で使用する表現

cantar	nadar	correr	bailar	reír	pintar	fumar
escuchar música		tocar la guitarra		comer un pastel		
lavar los platos		conducir el coche		pagar la hipoteca	tener ahorros	
jugar al golf		jugar al tenis		trabajar de camarero		

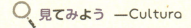

Lugares turísticos de Argentina y Chile

Glaciares de la Patagonia

Isla de Pascua (Chile)

La Boca (Buenos Aires)

PRÁCTICA

Unidad 15

1 Mira las imágenes y escribe debajo lo que están haciendo. Fíjate en el modelo.
例にならって、現在進行形を用いて文を作りましょう。

Él

例: Él está duchándose.

María y Pilar

1) ....

Yo

2) ....

Nosotros

3) ....

Tú

4) ....

José

5) ....

Pepa y Loli

6) ....

Vosotros

7) ....

2 Mira las imágenes y haz como en el modelo. Usa EL QUE / LA QUE / LOS QUE / LAS QUE.
例にならって、el que, la que, los que, las que を使って文を作りましょう。

Lucas

例: El que está riendo es Lucas.

Pepe y Pablo

1) ....

Pilar y Mila

2) ....

Marisa

3) ....

Pablo

4) ....

el abuelo Manolo

5) ....

3 (Alumno B 90 ページ) Practicad en parejas. Pregunta a tu compañero quién o quiénes están haciendo eso. 例にならって、ペアで質問しあいましょう。

例: Alumno A: ¿Quiénes son las que están bailando?   Alumno B: Las que están bailando son Pilar y Mila.

Alumno A

_____

Lucas

_____

Luisa y Pedro

_____

_____

Diana

Alex

Carmencita

3 (Alumno A 89 ページ) Practicad en parejas. Pregunta a tu compañero quién o quiénes están haciendo eso. 例にならって、ペアで質問しあいましょう。

例： Alumno A: *¿Quiénes son las que están bailando?*   Alumno B: *Son Pilar y Mila.*

Alumno B

Pilar y Mila　　　　　　　　　　　Manuel　　　　　　　　　　　　Marisa

Luis　　　Mario y Paco

4 Contesta a la pregunta como en el modelo. 例にならって質問に答えましょう。

例： A: *¿Todavía vive solo tu padre en el extranjero?* B: *Sí, sigue viviendo solo.*

1) ¿Todavía fuma tu hermano?
2) ¿Todavía juegan al golf tus padres?
3) ¿Todavía estudia tu hijo inglés en Londres?
4) ¿Todavía pagáis la hipoteca del piso?
5) ¿Todavía conduce el coche tu abuelo?

5 Mira el modelo y contesta a las preguntas. 例にならって質問に答えましょう。

例： A: ¿Qué tal está tu madre?   B: (recuperarse) *Ella se va recuperando poco a poco.*

1) ¿Estás mejor?   (mejorar) Sí,
2) ¿Entiendes la gramática española?   (entender) Sí,
3) ¿Se ha acostumbrado tu hijo a vivir solo?   (acostumbrarse) Sí,
4) ¿Tienes muchos ahorros?   (ahorrar) Sí,
5) ¿Puede andar ya tu hija pequeña?   (andar) Sí,

6 Contesta a las siguientes preguntas. 質問に自由に答えましょう。

例： ¿Qué haces normalmente los lunes a las 10 de la mañana?   *Estoy estudiando español.*

1) ¿Qué haces normalmente los sábados a las 7 de la tarde?
2) ¿Qué haces los domingos a las 5 de la tarde?
3) ¿Qué haces los martes a las 3 de la mañana?
4) ¿Qué haces los miércoles al mediodía?
5) ¿Sigues estudiando inglés?

GRAMÁTICA Y EJERCICIOS

Unidad 16

1 直説法未来　El futuro imperfecto

-ar 動詞

hablar	
hablaré	hablaremos
hablarás	hablaréis
hablará	hablarán

-er 動詞

comer	
comeré	comeremos
comerás	comeréis
comerá	comerán

-ir 動詞

vivir	
viviré	viviremos
vivirás	viviréis
vivirá	vivirán

不規則形

e が消える

saber	
sabré	sabremos
sabrás	sabréis
sabrá	sabrán

haber : habré, ...
poder : podré, ...
querer : querré, ...

d が現れる

tener	
tendré	tendremos
tendrás	tendréis
tendrá	tendrán

poner : pondré, ...
salir : saldré, ...
venir : vendré, ...

ce が消える

hacer	
haré	haremos
harás	haréis
hará	harán

ec が消える

decir	
diré	diremos
dirás	diréis
dirá	dirán

◆未来の時を表す表現

mañana	pasado mañana	el próximo domingo
la próxima semana	el próximo mes	el próximo año
la semana que viene	el mes que viene	el año que viene

・未来の出来事や意向を表します。
　A: ¿Hará buen tiempo mañana?　　B: No, dicen que lloverá.
　Para ir a la estación tomaremos un taxi.

・現在の出来事の推量を表します。
　A: ¿Dónde estará Laura?　　B: No sé. Estará en la biblioteca.

ちょこ練 1 （　）内の不定詞を直説法未来の正しい形にし、和訳しましょう。さらに [　] の主語に変えましょう。Completa con la forma adecuada del futuro imperfecto.

1) ¿A qué hora (levantarse, tú) _____ mañana?　　　　　　[usted]
2) Cristina no le (decir) _____ nada a su madre.　　　　　　[Cristina y Silvia]
3) ¿Cuándo (salir, vosotros) _____ de Madrid?　　　　　　[tú]
4) ¿De dónde (ser) _____ la señora del vestido rojo?　　　　[las chicas]
5) El próximo mes mi madre y yo (ir) _____ de viaje a París.　[yo]

2 直説法過去未来　El condicional 🎧 2-39

-ar 動詞

hablar	
hablar**ía**	hablar**íamos**
hablar**ías**	hablar**íais**
hablar**ía**	hablar**ían**

-er 動詞

comer	
comer**ía**	comer**íamos**
comer**ías**	comer**íais**
comer**ía**	comer**ían**

-ir 動詞

vivir	
vivir**ía**	vivir**íamos**
vivir**ías**	vivir**íais**
vivir**ía**	vivir**ían**

不規則形

e が消える

saber	
sabr**ía**	sabr**íamos**
sabr**ías**	sabr**íais**
sabr**ía**	sabr**ían**

haber : habría, ...
poder : podría, ...
querer : querría, ...

d が現れる

tener	
tendr**ía**	tendr**íamos**
tendr**ías**	tendr**íais**
tendr**ía**	tendr**ían**

poner : pondría, ...
salir : saldría, ...
venir : vendría, ...

ce が消える

hacer	
har**ía**	har**íamos**
har**ías**	har**íais**
har**ía**	har**ían**

ec が消える

decir	
dir**ía**	dir**íamos**
dir**ías**	dir**íais**
dir**ía**	dir**ían**

- 過去から見た未来の出来事を表します。
  Mi amigo me dijo que vendría a Japón en verano.
  Creía que habría mucha gente en el museo.

- 過去の出来事の推量を表します。
  ¿Qué hora sería cuando sonó el teléfono?

- 現在の事柄を婉曲的に表現するときにも用いられます。
  Me gustaría ir a Argentina.
  ¿Podría usted hablar un poco más despacio?

- 条件を伴った推量
  Yo que tú, iría en taxi.
  Yo, en tu lugar, no compraría un reloj tan caro.

ちょこ練 2 （　）内の不定詞を直説法過去未来の正しい形にし、和訳しましょう。Completa con la forma adecuada del condicional.

1) Juan me llamó y me dijo que (llegar) _____ tarde.
2) Yo pensé que (alojarse, tú) _____ en casa de tu amigo.
3) Cuando entró en la universidad, Felipe (tener) _____ veinte años.
4) Me (gustar) _____ viajar por España, pero mi mujer prefiere viajar por Italia.

ちょこ練 3 下線の動詞を直説法過去未来に変えて、和訳しましょう。Pon la frase en condicional.

1) <u>Debes</u> estudiar más.
2) ¿<u>Puede</u> usted esperarme aquí?
3) ¿<u>Quieres</u> traer agua?
4) <u>Es</u> mejor pensar un poco más.

UN POCO MÁS

Unidad 16

1 下線部の動詞を「現在の出来事の推量」を表す直説法未来に書き換え、和訳しましょう。Pon la frase en futuro.

1) Mi abuelo <u>tiene</u> setenta y nueve años. → Creo que _____.
2) Mis compañeros de clase lo <u>saben</u>. → Creo que _____.
3) Mi amigo <u>está</u> en el sur de América. → Creo que _____.
4) <u>Hay</u> mucha gente en el concierto. → Creo que _____.
5) <u>Son</u> las nueve y media. → Creo que _____.

2 下線部の動詞を「過去の出来事の推量」を表す直説法過去未来に書き換え、和訳しましょう。Pon la frase en la forma del condicional.

1) Este ordenador te <u>costó</u> muy caro, ¿verdad? →
2) Cuando se casó Raquel, <u>tenía</u> veintitrés años. →
3) Pepe se lo <u>dijo</u> a su novia cuando estaban en el bar. →
4) Muchos jóvenes <u>vinieron</u> al concierto del domingo. →
5) <u>Eran</u> las doce cuando llegué a casa anoche. →

3 直説法未来または直説法過去未来の正しい形にして、和訳しましょう。Completa con el futuro imperfecto o el condicional.

1) Yo que tú, se lo _____ (decir) a tus padres en seguida.
2) A estas horas mi hermano mayor _____ (estar) en la oficina.
3) Mañana por la tarde yo _____ (salir) para Inglaterra a estudiar inglés.
4) Roberto me dijo que _____ (venir) a verme este verano.
5) Me _____ (gustar) preguntarle una cosa.

4 1か所だけ間違いを探して、正しく書き直しましょう。Busca el error.

1) Le dije a mi madre que lo haré mañana.
2) Yo gustaría hablar con usted.
3) ¿Qué harás en mi lugar?
4) Yo que tú lo terminaré antes de irme.
5) Creía que te pondrás el vestido largo en la boda de tu hermana mayor.

5 スペイン語に訳しましょう。Traduce al español.

1) 「君たちはいつ日本に戻る予定ですか？」「来月戻る予定です。」[直説法未来を用いて]

2) 「君は次の日曜日何をするつもり？」「私の友人と買い物に行くつもりです。」[直説法未来を用いて]

3) 私が君だったら、すぐに彼と話すでしょう。

4) 「明日4時にここに来ていただけますでしょうか？」「はい、喜んで。」

DIÁLOGOS

(en la cafetería)

Alex: Diana, te veo muy callada, ¿en qué piensas?

Diana: Estoy pensando en cómo será nuestra vida dentro de 30 años.

Alex: Supongo que estarás casada con un francés, tendrás una hija muy bonita y viviréis en un piso muy grande en el centro de París.

Diana: Pues no. Dentro de 30 años tendré 58 años y estaré casada con un español que me querrá mucho. Tendremos dos hijas y un hijo y viviremos muy felices en una casa de campo cerca del mar, desde donde se oirá el sonido de las olas. Supongo que tú estarás casado con una española y viviréis en un piso muy grande en el centro de Sevilla.

Alex: Pues no. Dentro de 30 años tendré 56 años y estaré casado con una francesa que me querrá mucho. Tendremos dos hijos y una hija y viviremos muy felices en una casa de campo desde donde se verá el río Guadalquivir.

Diana: Oye, Alex, nuestro futuro es muy parecido, ¿no?

Alex: Sí, a ver si nos ponemos de acuerdo y ...

(en el bar)

Maite: Estos días me han pasado unas cosas muy curiosas. La semana pasada iba por la calle y había una gitana pidiendo limosna. Le di unos céntimos porque era lo que llevaba suelto. Me leyó la mano y me dijo: "Te casarás con un hombre muy rico, tendréis una hija, pero este hombre se arruinará y te dejará sola con tu hija."

Paolo: Terrible. Seguro que esta gitana estaba muy enfadada contigo porque le diste poco dinero.

Maite: Sí. Pues ayer me encontré con otra gitana y esta vez le di 5 euros. Entonces tomó mi mano y me la leyó. Me dijo que me casaría con un chico alto, guapo y rico. Tendríamos un hijo y una hija, seríamos muy felices y nuestra felicidad duraría para siempre.

Paolo: Claro, le diste 5 euros. De todos modos es bueno creer en las buenas cosas que nos dicen.

Práctica で使用する表現

| suponer | arruinarse | pasar el verano | hacer un crucero |
| sacar títulos académicos | | trabajar de guía | estar callado |

| casa de campo | empresa multinacional | enseñanza académica | lugares lejanos |
| gitana | la Luna | planeta | |

PRÁCTICA

Unidad 16

1. Mira las imágenes, conjuga el verbo entre paréntesis y lee cómo será la vida de Moe dentro de 35 años.　例にならって、枠内の表現を使って、モエの35年後の様子を書きましょう。

> Su marido (trabajar) en casa con el ordenador.
> Dos robots (cuidar y limpiar) el piso de Nueva York.
> Moe (tener) 55 años.
> Moe y su marido (vivir) en Nueva York.
> Moe (volver) a Japón en Año Nuevo.
> Moe (tener) un hijo y dos nietos.
> Los fines de semana ellos (ir) a la casa de campo.
> Moe (trabajar) de guía.

例：Dentro de 35 años Moe *tendrá* 55 años.　　1) ....　2) ....　3) ....

4) ....　5) ....　6) ....　7) ....

2. Mira las imágenes, conjuga el verbo entre paréntesis y lee cómo será la vida de Paolo dentro de 35 años.　不定詞を未来形に変え、パオロの35年後の様子を書きましょう。

> Ellos (celebrar) el Año Nuevo con la familia de su hija.
> Paolo (tener) 66 años y (hablar) inglés, español y portugués.
> Ellos (trabajar) en casa para una empresa multinacional.
> Ellos (vivir) en Cádiz en una casa de campo muy grande cerca del mar.
> Tres robots (cuidar y limpiar) su casa y su jardín.
> Todos los días ellos (pasear) con su perro por la playa.
> Ellos (pasar) el verano en Londres con su hija y su nieta.
> Todos los años en otoño ellos (hacer) un crucero por el Caribe.

例：Paolo *tendrá* 66 años y *hablará* inglés, español y portugués.　1) ....　2) ....　3) ....

4) ....　5) ....　6) ....　7) ....

3 Ahora escribe aquí cómo será tu vida dentro de 35 años.　あなたの35年後の様子を書きましょう。

Dentro de 35 años yo ....

....

....

....

4 Lee estas preguntas de cómo será la vida de la gente dentro de 50 años.
次の質問と、下の文章を読んだあと、50年後の生活についてのあなたの予想を書きましょう。

¿Usaremos robots para todo?　¿La gente tendrá más tiempo libre? ¿La mayoría de la gente trabajará en casa? ¿Las clases se darán por Internet?　¿La mayoría de los colegios y universidades desaparecerán? ¿El transporte será más rápido y barato? ¿Podremos viajar fácilmente a lugares muy lejanos?　¿Habrá viajes a la Luna y a otros planetas? ¿Viviremos más de 100 años? ¿El cáncer y otras enfermedades se curarán?

Fíjate lo que pienso yo de la vida dentro de 50 años: 🎧 2-41

"En el futuro tendremos más tiempo libre porque usaremos muchos robots para hacer los trabajos de casa. En las compañías los robots también harán la mayor parte del trabajo. Por eso mismo podremos trabajar en casa y tendremos más tiempo libre para disfrutar de la vida personal y familiar. Por otro lado mucha gente no sabrá cómo usar el tiempo y se aburrirá. Además habrá gente que usará los robots con fines malos; como cometer crímenes, robos, etc...

La educación y la enseñanza se darán por Internet y podremos estudiar y sacar títulos académicos desde casa. La enseñanza académica será muy buena, pero muy uniforme. Todos pensaremos lo mismo y actuaremos de la misma manera.

El transporte será mejor, más rápido y más barato. Podremos viajar fácilmente a lugares lejanos en poco tiempo, pero los viajes a la Luna y a otros planetas serán todavía caros.

El cáncer y otras enfemedades se curarán y viviremos más años, pero aparecerán nuevas enfermedades difíciles de curar.

En resumen, en el futuro habrá muchas y buenas soluciones para vivir una vida mejor, pero al mismo tiempo aparecerán nuevos y difíciles problemas."

Ahora escribe lo que piensas tú: ....

....

....

....

....

5 A tu amigo o compañero le duele algo o tiene algún problema. Aconséjale como en el modelo.
例にならって、枠内の表現を使って、ペアで練習しましょう。

| me duele la espalda | me siento muy cansado | no tengo ganas de hacer nada | me duelen los ojos |
| tengo fiebre | me duele el estómago | estoy deprimido |

例：A: Me siento muy cansado y me duele la cabeza.

B: Yo que tú descansaría unos días. Me iría a los baños termales o viajaría a algún lugar.

GRAMÁTICA Y EJERCICIOS

Unidad adicional 1

1 接続法現在 ―規則動詞 El presente de subjuntivo − Verbos regulares

-ar 動詞

hablar	
hable	hablemos
hables	habléis
hable	hablen

-er 動詞

comer	
coma	comamos
comas	comáis
coma	coman

-ir 動詞

vivir	
viva	vivamos
vivas	viváis
viva	vivan

bus*car* : busque, busques, busque, busquemos, busquéis, busquen
lle*gar* : llegue, llegues, llegue, lleguemos, lleguéis, lleguen

ちょこ練 1 次の動詞の接続法現在の活用形を書きましょう。Conjuga los verbos.
1) visitar　　2) leer　　3) abrir　　4) tocar

2 接続法現在 ―不規則動詞 El presente de subjuntivo − Verbos irregulares

1) 直説法現在1人称単数をもとに変化する動詞（かっこの中は直説法現在1人称単数）
   hacer (hago):　　haga, hagas, haga, hagamos, hagáis, hagan
   venir (vengo):　　venga, vengas, venga, vengamos, vengáis, vengan
   conocer (conozco):　　conozca, conozcas, conozca, conozcamos, conozcáis, conozcan

2) 語幹母音が変化する -ar/-er 動詞（かっこの中は直説法現在1人称単数）
   pensar (pienso):　　piense, pienses, piense, pensemos, penséis, piensen
   empezar (empiezo):　　empiece, empieces, empiece, empecemos, empecéis, empiecen
   volver (vuelvo):　　vuelva, vuelvas, vuelva, volvamos, volváis, vuelvan

3) 語幹母音が変化する -ir 動詞（かっこの中は直説法現在1人称単数）
   sentir (siento):　　sienta, sientas, sienta, sintamos, sintáis, sientan
   pedir (pido):　　pida, pidas, pida, pidamos, pidáis, pidan
   dormir (duermo):　　duerma, duermas, duerma, durmamos, durmáis, duerman

4) その他

ver	ser	dar	estar	saber	ir	haber
vea	sea	dé	esté	sepa	vaya	haya
veas	seas	des	estés	sepas	vayas	hayas
vea	sea	dé	esté	sepa	vaya	haya
veamos	seamos	demos	estemos	sepamos	vayamos	hayamos
veáis	seáis	deis	estéis	sepáis	vayáis	hayáis
vean	sean	den	estén	sepan	vayan	hayan

ちょこ練 2 次の動詞の不定詞を書きましょう。Escribe el infinitivo de los siguientes verbos.
1) quieran　　2) viajéis　　3) escriba　　4) diga
5) repitamos　　6) jueguen　　7) pongas　　8) nieve

ちょこ練 3 次の動詞の主語を変えずに、接続法現在の活用形を書きましょう。Pon los siguientes verbos en el presente de subjuntivo.
1) conoces　　2) prefiero　　3) dan　　4) tienen　　5) se acuesta

3 接続法の用法　El uso del subjuntivo

1) **名詞節**
   主節が次のような意味を表すとき、que で導かれる名詞節の中の動詞は接続法になります。
   - 主節が願望・感情・命令を表すとき
     Quiero que aprobéis el examen.　　☆主節と従属節の主語が同じ場合：Quiero *aprobar* el examen.
     Me alegro de que tu abuelo esté bien.　　Siento mucho que usted no venga a la fiesta.
     El médico le dice que no fume.　　☆ decir は命令の意味でも用いられます。
   - 主節が疑惑・否定を表すとき
     No creo que Julio lo sepa.　　No me parece que llueva esta noche.
   - 主節が必要性や可能性を表すとき
     Es necesario que vayas al médico.　　Es posible que el tren llegue con retraso.

2) **形容詞節**
   先行詞が不特定の人や物、または否定されるとき、関係詞で導かれる形容詞節の動詞は接続法になります。
     ¿Conoces a alguien que toque la guitarra?　　Aquí no hay ningún libro que me interese.
   - 先行詞が特定された人や物のときには、直説法が用いられます。
     Conozco a una chica que *toca* muy bien la guitarra.

3) **副詞節**
   副詞節が次のような意味を表すとき、副詞節の中の動詞は接続法になります。
   - 未来の時を表すとき
     Cuando termine la clase, me iré enseguida.
     Después de que llegue Mario, empezaremos a cenar.
   - antes de que のあとは常に接続法になります。
     Antes de que se vaya Sara, tengo que hablar con ella.
   - 現在の習慣や、過去のことを表すときには、直説法が用いられます。
     Cuando *terminó* la clase, me fui enseguida.
   - 目的や譲歩を表すとき
     Te doy este diccionario para que aprendas japonés.
     Aunque haga mal tiempo, iremos a la playa.

ちょこ練 4　( ) 内の不定詞を接続法現在の正しい形にし、和訳しましょう。Completa con el presente de subjuntivo.

1) Quiero que (leer, tú) ＿＿＿＿＿ esta novela.
2) Me alegro de que muchos estudiantes (estudiar) ＿＿＿＿＿ español.
3) No creo que ellos le (decir) ＿＿＿＿＿ la verdad a Luis.
4) Es mejor que (vosotros, quedarse) ＿＿＿＿＿ en casa.
5) Estamos buscando un hotel que (estar) ＿＿＿＿＿ cerca del mar.
6) No habrá nadie que (poder) ＿＿＿＿＿ ayudarnos.

ちょこ練 5　正しい動詞を選びましょう。Elige la forma correcta.

1) ¿Hay alguien que (sabe / sepa) hablar ruso?
2) La casa que (compró / compre) Pedro el año pasado tiene un jardín muy grande.
3) María me ha explicado bien el problema para que lo (entiendo / entienda) mejor.
4) Cuando (tenemos / tengamos) tiempo, visitaremos la catedral.
5) Creo que mi hermano (está / esté) resfriado.
6) El profesor nos ha dicho que (traemos / traigamos) el diccionario a clase.
7) Cuando (voy / vaya) a Kamakura, siempre compro dulces japoneses.

GRAMÁTICA Y EJERCICIOS

1　接続法過去　El pretérito de subjuntivo

直説法点過去 3 人称複数形の語末の -ron をとり、-ra, -ras, -ra, -ramos, -rais, -ran、または -se, -ses, -se, -semos, -seis, -sen をつけます。

1) -ra 形（かっこの中は直説法点過去 3 人称複数形）						2) -se 形	
hablar (hablaron)		comer (comieron)		pedir (pidieron)		hablar (hablaron)	
hablara	habláramos	comiera	comiéramos	pidiera	pidiéramos	hablase	hablásemos
hablaras	hablarais	comieras	comierais	pidieras	pidierais	hablases	hablaseis
hablara	hablaran	comiera	comieran	pidiera	pidieran	hablase	hablasen

ちょこ練 1　次の動詞の接続法過去（-ra 形）の活用形を書きましょう。Conjuga los siguientes verbos.
1) viajar　　2) leer　　3) pensar　　4) tener　　5) ir

2　接続法過去の用法　El uso del pretérito de subjuntivo

1) 時制の一致：主節の動詞が過去時制になると、従属節の動詞も過去時制に変わります。
   a) 名詞節
   　Espero que mis amigos tengan éxito.　→　Esperaba que mis amigos tuvieran éxito.
   　Me alegro de que vengas a verme.　→　Me alegré de que vinieras a verme.
   　Es importante que les digas la verdad a tus padres.
   　　→　Era importante que les dijeras la verdad a tus padres.
   　No creo que Ana esté en Tokio.　→　No creía que Ana estuviera en Tokio.
   b) 形容詞節
   　Deseo una habitación que dé al mar.　→　Deseaba una habitación que diera al mar.
   　Yo no conozco a nadie que hable italiano.　→　Yo no conocía a nadie que hablara italiano.
   c) 副詞節
   　Te voy a comprar un recuerdo cuando vaya a España.
   　　→　Te iba a comprar un recuerdo cuando fuera a España.
   　Ana habla despacio para que puedas entenderlo bien.
   　　→　Ana hablaba despacio para que pudieras entenderlo bien.

2) 婉曲表現　　婉曲表現では -se 形は使われません。
   　Yo quisiera visitar a mis abuelos mañana a las cuatro.
   　Quisiera que ustedes me ayudaran en este trabajo.

3) 非現実的条件文：　条件節は si ＋ 接続法過去、帰結節は直説法過去未来を用います。
   　Si yo fuera tu padre, no te dejaría el coche.

4) 願望文
   ・ojalá ＋接続法現在：実現の可能性がある願望
   　¡Ojalá me toque la lotería!
   ・ojalá ＋接続法過去：実現の可能性がほとんどないか、不可能な願望
   　¡Ojalá fuera millonario!

ちょこ練 2 （　）内の不定詞を接続法過去 -ra 形の正しい形にし、和訳しましょう。Completa con la forma adecuada del pretérito de subjuntivo.

1) No creía que me (decir, tú) _____ tal cosa.
2) Temía que Ana (gastarse) _____ todo el dinero.
3) Deseaba una habitación que (dar) _____ al mar.
4) Pensaba comprarte lo que (querer, tú) _____ .
5) No había nadie que (hablar) _____ francés.
6) Si nosotros (conocer) _____ bien a José, se lo pediríamos.
7) Nosotros (querer) _____ preguntarle una cosa.
8) ¡Ojalá (poder, yo) _____ viajar a la Luna algún día!

ちょこ練 3 （　）内の不定詞を接続法現在か接続法過去 -ra 形の正しい形にし、和訳しましょう。Completa con la forma adecuada del presente de subuntivo o el pretérito de subjuntivo.

1) Aunque (llover) _____ , los chicos jugarán al fútbol.
2) Deseaba que lo (pasar, tú) _____ bien.
3) El médico le dijo a mi padre que no (beber) _____ tanto.
4) Es raro que Juan no me (llamar) _____ a estas horas.
5) Si (salir, tú) _____ de casa ahora, llegarías a tiempo.
6) Íbamos a echarte una mano para que (terminar, tú) _____ el trabajo para mañana.
7) Es posible que el jefe (venir) _____ a Tokio de negocio.
8) Sentí mucho que mi amiga Irene no (poder) _____ asisitir a mi boda.

ちょこ練 4 接続法現在を用いて、スペイン語に訳しましょう。Traduce al español.

1) 私は君に私と一緒にスペインを旅行してほしい。
　_____

2) 君がそのことをよく考えること (pensarlo bien) が大切です。
　_____

3) 私は Luis がこのネクタイ (corbata) を気に入るとは思いません。
　_____

4) 君が空港に着いたら、私に電話してくれる？
　_____

ちょこ練 5 接続法過去を用いて、スペイン語に訳しましょう。Traduce al español.

1) 私は、私のいとこがその試験に合格する (aprobar) ことを期待していました。
　_____

2) 私たちは、私たちの父が元気でいることが嬉しかった。
　_____

3) 私は、君と同じくらい上手に日本語を話す外国人 (extranjero) を一人も知りませんでした。
　_____

4) 私の母は、私に自分の部屋 (habitación) を掃除する (limpiar) ように言いました。
　_____

GRAMÁTICA Y EJERCICIOS

1 命令表現　El imperativo

1) **tú** と **vosotros** に対する肯定命令：命令法を用います。

	tomar	leer	escribir	pensar	volver	repetir
tú に対する肯定命令 （直説法現在 3 人称単数と同形）	**toma**	**lee**	**escribe**	**piensa**	**vuelve**	**repite**
vosotros に対する肯定命令 （不定詞の語尾の -r を -d に変換）	**tomad**	**leed**	**escribid**	**pensad**	**volved**	**repetid**

Abre la puerta.　　　　　　　　　Piensa bien en eso.　　　　　Vuelve ahora mismo.
Limpiad vuestras habitaciones.　　Empezad a estudiar.　　　　Cantad más alto.

2) **tú** に対する不規則な肯定命令

hacer	poner	salir	tener	venir	decir	ir	ser
haz	**pon**	**sal**	**ten**	**ven**	**di**	**ve**	**sé**

Haz algún deporte.　　　　Pon la tele.　　　Sal de aquí.
Ven aquí.　　　　　　　　Sé bueno.　　　　Ten cuidado.

ちょこ練 1　次の動詞を tú と vosotros に対する肯定命令にしましょう。Escribe el imperativo.

	ayudar	beber	decir	ir	empezar	dormir
tú						
vosotros						

3) 肯定命令の **tú, vosotros** 以外の人称に対しては接続法現在を用います。
　 否定命令は全て接続法現在を用います。
　 nosotros に対する命令は、「〜しましょう」の意味になります。

	肯定命令	否定命令
tú に対する命令	直説法現在 3 人称単数	接続法現在
usted に対する命令	接続法現在	接続法現在
nosotros に対する命令	接続法現在	接続法現在
vosotros に対する命令	不定詞の語尾の -r を -d に変換	接続法現在
ustedes に対する命令	接続法現在	接続法現在

Hable más despacio, por favor.　　Comamos juntos.　　　Salgan por esta puerta.
No bebas tanto.　　　　　　　　　No hagáis ruido.　　　Tengamos cuidado.

ちょこ練 2　次の動詞を肯定・否定命令にしましょう。Completa la tabla.

	hablar		venir		volver	
	肯定命令	否定命令	肯定命令	否定命令	肯定命令	否定命令
tú						
usted						
nosotros						
vosotros						
ustedes						

2　命令表現での代名詞の位置　El imperativo y los pronombres

1) 肯定命令
   a) 目的格代名詞も再帰代名詞も、動詞の末尾に直結されます。
      アクセント符号の付加に注意しましょう。

      Dímelo.　　　　　　Páseme la sal.　　　　　　Escúchenme, por favor.
      Siéntense aquí.　　Levántate más temprano.　Ponte el abrigo.

   b) 再帰動詞の nosotros に対する命令：語尾の -s が脱落します。
      Levantemos + nos ⇒ Levantémonos.
      Sentemos + nos ⇒ Sentémonos.

   c) 再帰動詞の vosotros に対する命令：語尾の -d が脱落します。
      Levantad + os ⇒ Levantaos.
      Sentad + os ⇒ Sentaos.

2) 否定命令：目的格代名詞も再帰代名詞も、通常の位置、すなわち動詞の直前に置かれます。

   No me lo digas.　　　No se lo den, por favor.　　No lo ponga aquí.
   No te vayas ahora.　 No nos sentemos aquí.　　　No te preocupes tanto.

ちょこ練 3　肯定命令は否定命令に、否定命令は肯定命令に変え、和訳しましょう。Sigue el modelo.

例：Trabaja mucho. → *No trabajes mucho.*　　　No lo compres. → *Cómpralo.*

1) Dáselo.　　　　　　　　　→ _____
2) No comáis mucho.　　　　→ _____
3) Díganmelo.　　　　　　　→ _____
4) No leas esa carta.　　　→ _____
5) Pongamos la radio.　　　→ _____
6) No os acostéis aquí.　　→ _____
7) Repita la frase.　　　　→ _____
8) No cierren las ventanas.→ _____
9) Subid por la escalera.　→ _____
10) No nos sentemos juntos.→ _____

ちょこ練 4　[ ]内の人称に対する命令文をスペイン語に訳しましょう。Traduce al español.

1) 手を洗いなさい。　　　　　　　　　[tú]　　　　：_____
2) 私にそれを言ってください。　　　　[ustedes]　：_____
3) 彼をここで待っていましょう。　　　[nosotros]：_____
4) 私たちにそれらの写真を見せて。　　[tú]　　　　：_____
5) 私に少しパンを持って来てください。[usted]　　：_____
6) 私に塩を取って。　　　　　　　　　[tú]　　　　：_____
7) 私に会いに来て。　　　　　　　　　[vosotros]：_____
8) ここに座りましょう。　　　　　　　[nosotros]：_____

本文イラスト　遠藤佐登美
写真　Shutterstock

イメージ・スペイン語

| 検印省略 | © 2019 年 1 月 30 日　初 版 発 行
2025 年 1 月 30 日　第 8 刷発行 |

著　者　　エウヘエオ デル プラド

　　　　　齋　藤　華　子

　　　　　仲　道　慎　治

発行者　　原　　雅　久

発行所　　株式会社　朝 日 出 版 社

　　　　　101-0065　東京都千代田区西神田 3-3-5
　　　　　電話直通　(03) 3239-0271/72
　　　　　振替口座 00140-2-46008
　　　　　http://www.asahipress.com/

組　版　　有限会社ファースト
印　刷　　TOPPANクロレ株式会社

乱丁、落丁本はお取り替えいたします。
ISBN978-4-255-55102-9　C1087

本書の一部あるいは全部を無断で複写複製（撮影・デジタル化を含む）及び転載することは、法律上で認められた場合を除き、禁じられています。

朝日出版社 スペイン語一般書籍のご案内

電子書籍

GIDE（スペイン語教育研究会）語彙研究班　編
¡スペ単！　―頻度で選んだスペイン語単語集（練習問題つき）―

文字検索機能が使える
おまけもご用意しております

- ◆様々なスペイン語の初級学習書を分析・解析。
- ◆学習者が最も必要とする語彙を抽出、文法項目と関連付けて提示。
- ◆各項目ごとに理解と運用を助ける練習問題を配備。
- ◆文法項目と語彙グループを結び付けて紹介。
- ◆豊富な練習問題と読み物資料ページでしっかり楽しく学べる。
- ◆多角的に語彙を覚えられる意味別・品詞別語彙リスト、単語の意味もついた詳細なさくいんつき。
- ◆初めてスペイン語を学ぶ人から、指導する立場の人まで幅広く活用できる一冊。

●A5判　●本編13章+読み物資料+巻末語彙集+さくいん　●各項練習問題つき　●のべ5200語
●264p　●2色刷　2420円（本体価格2200円+税）（000371）

小林一宏・Elena Gallego Andrada 著
スペイン語 文法と実践　―ゆっくり進み、確かに身につく―
Español con paso firme

- ◆日本人教員とネイティヴ教員の緊密な協力から生まれた自然な語法。
- ◆予習と復習のための矢印（➡）による関連個所の提示。
- ◆解説内容に沿った多くの例文とこれの理解を援ける註。
- ◆適宜、英語との比較による理解の深化。
- ◆簡潔で適格な文法の解説。

●A5判　●33課　●320p　●2色刷
●音声データ付
3080円（本体価格2800円+税）（000467）

※ アマゾンKindle、紀伊国屋書店Kinoppy、楽天Kobo、Booklive!、hontoなどの電子書籍店でご購入いただけます。
専用端末以外でも、お手持ちのスマートフォンやタブレット（iOS、Android）でお読みいただけます。

福嶌教隆　著
スペイン語圏4億万人と話せる
くらべて学ぶスペイン語 改訂版　DVD+CD付
―入門者から「再」入門者まで―

- ◆スペインのスペイン語とラテンアメリカのスペイン語をくらべて、並行してどちらも学べます。
- ◆全くの初歩からスペイン語を学ぶ人（入門者）も、一通りの知識のある人（「再」入門者）も活用できるよう編集されています。
- ◆スペイン語圏各地のネイティブの吹込者によるCDや、スペインの美しい映像をおさめたDVD（スペイン語ナレーション付）が添付されています。
- ◆スペイン語を話すどの場所に行っても、この1冊で充分話し切れること間違いなしです！

●A5判　●15課　●144p　●さし絵多数　●DVD+CD付　●2色刷
2640円（本体価格2400円+税）（000552）

高橋覚二・伊藤ゆかり・古川亜矢 著
とことんドリル！ スペイン語　文法項目別

- ◆文法事項を確認しながら、一つずつ確実なステップアップ
- ◆全27章で、各章は3ページ【基礎】＋1ページ【レベルアップ】で構成
- ◆スペイン語技能検定試験4、5、6級の文法事項がチェックできる！
- ◆ふと頭に浮かぶような疑問も学習者の目線で丁寧に解説
- ◆復習問題でヒントを見ながら実力試せる
- ◆多様な話題のコラムも楽しい♪
- ◆スペイン語のことわざをイラストで紹介

●B5判　●27章+解答例・解説　●200p　●2色刷
2530円（本体価格2300円+税）（000747）

西川喬 著
ゆっくり学ぶスペイン語　CD付

- ◆本書はスペイン語を「ゆっくり学ぶ」ための本です。
- ◆初めて学ぶ人はもちろんのこと、基礎的な知識を整理したい人にも最適です。
- ◆各課文法別に段階的に進みます。やさしい文法要素から順を追って知識が増やせるように配置しています。
- ◆各課には「ちょっとレベルアップ」のページがあります。少し知識のある方は、ぜひこのページに挑戦してください。
- ◆各課の最後に練習問題があります。自分で解いて、巻末の解答で確かめましょう。
- ◆再挑戦の方向けに、31、32課で「冠詞」と「時制」を扱っています。ぜひ熟読してください。
- ◆それでは本書で、「ゆっくりと」スペイン語を楽しんで行きましょう。

●A5判　●32課　●264p　●さし絵多数　●2色刷　●CD付　3190円（本体価格2900円+税）（001081）

（株）朝日出版社　〒101-0065　東京都千代田区西神田3-3-5
TEL:03-3263-3321　FAX:03-5226-9599　https://www.asahipress.com/